MYSTERY

바이킹이 되어 중세 유럽의
바다로 모험을 떠나 볼까?
세 가지만 이겨 낸다면
용감한 바이킹으로 인정해 줄게.
자, 준비됐지?

· 거친 파도와 세찬 폭풍우
· 바다 괴물 크라켄의 공격
· 바이킹을 위협하는 유령선

감수 · 이지연(영재교육원 강사 및 초등학교 교사)
2010년 서울교육대학교를 졸업한 후 현재 서울서강초등학교에서 학생들을 가르치고 있습니다. 서울특별시서부교육지원청 영재교육원(수·과학융합, 수학분야) 강사 및 서울특별시 지정 단위학교 수학영재학급 강사로 활동하였고, 서울특별시서부교육지원청 영재교육원(과학) 강사로 활동 중입니다.

지음 · 정재은
출판 편집과 방송 작가 등 여러 직업을 통해 얻은 경험을 바탕으로 어린이 작가로 활동 중입니다. 그동안 지은 책으로는 《수학이 궁금할 때 피타고라스에게 물어봐》 《개념 쏙쏙 참 쉬운 수학》 〈스토리텔링 수학〉 시리즈의 《불가사의 수학》 《스파이 수학》 《바이킹 수학》 《로봇 수학》 《드론 수학》 등이 있습니다.

그림 · 정주연
만화가와 삽화가, 만화 강사로 활발히 활동 중입니다. 그동안 《월드 크래프트 어드벤처》를 비롯하여 〈How so?〉 시리즈의 《지구》 《바다》 《우주와 태양계》 《군주론》 《의무론》 등의 만화를 그렸으며, 〈스토리텔링 수학〉 시리즈의 《스파이 수학》 등의 삽화를 그렸습니다.

2016년 10월 10일 초판 1쇄 펴냄
2021년 5월 20일 초판 6쇄 펴냄

지음 · 정재은 **그림** · 정주연
감수 · 이지연(영재교육원 강사 및 초등학교 교사)
채색 · 박은자

펴낸이 · 이성호
펴낸곳 · (주)글송이

편집/디자인 · 임주용, 최영미, 한나래, 권빈
마케팅 · 이성갑, 윤정명, 이현정, 김병선, 문현곤, 조해준, 이동준
경영지원 · 최진수, 이인석, 진승현, 손가영

출판 등록 · 2012년 8월 8일 제2012-000169호
주소 · 서울시 서초구 능안말1길 1 (내곡동)
전화 · 578-1560~1 **팩스** · 578-1562
홈페이지 · www.gsibook.com

ⓒ글송이, 2016

ISBN 979-11-7018-322-8 74410
　　　979-11-7018-321-1 (세트)

*이 도서의 국립중앙도서관 출판시도서목록(CIP)은 서지정보유통지원시스템 홈페이지(http://seoji.nl.go.kr)와 국가자료공동목록시스템(http://www.nl.go.kr/kolisnet)에서 이용하실 수 있습니다.
(CIP제어번호: CIP2016023549)

천하무적 바이킹 수학!

미지의 땅을 찾아 거친 파도가 일렁이는 바다로 나간 바이킹!
21세기 대한민국의 초딩 황금동이 바이킹 시대로 가
천하무적 바이킹과 함께 모험을 떠납니다.
미스터리하고 무시무시한 사건이 계속 펼쳐지는 가운데
황금동은 알쏭달쏭 수학 문제들도 해결해야 해요.
이상과 이하, 초과와 미만을 이용해서 바이킹 배를 만들
나무를 골라야 하고, 직사각형 모양의 천 조각을 이어 알맞은
넓이의 돛도 만들어야 하지요. 또, 혼합 계산 문제를 쉽게 푸는
신기한 비결과 소수 문제를 똑똑하게 해결하는 고대 수학자의
놀라운 비결도 알아내야 해요.
황금동이 수학 유령의 도움을 받아 수학 문제를 해결해 나가며
스릴 넘치는 바이킹 항해를 마칠 즈음이면, 여러분도
수학적 문제해결력과 창의력이 쑥쑥 자라나 있을 거예요.

영재교육원 강사 및 초등학교 교사 이지연

MYSTERY

바이킹 시대로 모험을 떠나자!

MYSTERY

내 이름은 황금동! 겁쟁이 초딩인 내 꿈은 바이킹처럼
용감해지는 거야. 그래서 별똥별을 보며 소원을 빌었지.
그런데! 눈치 없는 별똥별이 나를 진짜 바이킹 시대로
보내 버렸지 뭐야! 으아~! 어떡하지?
끔찍한 유령과 괴물이 우글거리는 바이킹 바다에서
수학 문제보다 골치 아픈 괴물 유령들을 물리쳐야 집으로
돌아갈 수 있대. 나 같은 겁쟁이 초딩이 해낼 수 있을까?
너희가 도와준다면 용기를 내 볼게!
너희는 유령들이 내는 수학 문제를 척척 풀 수 있는
수학 실력만 준비해 줘. 나는 우리를 도와줄
착한 유령을 데려올게. 자, 준비됐지? 이제 시작해 볼까?
바이킹의 오싹하고 미스터리한 모험을!

From. 황금동

차례

프롤로그
별똥별이 소원을 들어줄 확률은?…9

2 1100년 전 과거로 간 골드 브론즈…32

4 점대칭도형 날개가 달린 도둑 풍차를 찾아라!…60

1 바이킹 용사 붉은 까마귀 에릭…16
미스터리? 천하무적 바이킹 배·31

3 바이킹의 모험이 시작되다!…45
미스터리? 바이킹은 무서운 약탈자일까?·59

5 바이킹 용사들의 공평한 나눗셈…73
미스터리? 무시무시한 바이킹 투구의 비밀·85

6 떠나자, 전설의 푸른 땅으로!…86

7 식인 상어로부터
  살아남을 가능성은?…97
  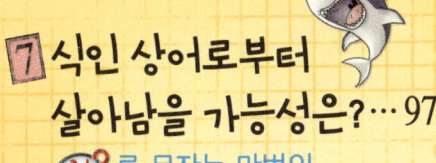
  미스터리? 룬 문자는 마법의
  글자일까?•111

8 폭풍의 눈에 나타난
  수상한 섬…112

9 크라켄 유령에 맞서는
  바이킹 용사들…125
  미스터리? 지저분한 야만족에 대한
  진실과 거짓•137

10 거대한 범선에서
   열린 미스터리한
   파티…138

11 바이킹을 홀리는
   유령의 노랫소리…149
   미스터리? 해적의 황금 시대를
   주름잡은 공포의
   해적은?•163

12 안개 속에
   숨겨진 전설의
   푸른 땅…164

에필로그
바이킹 용사들이여,
안녕~!…183
미스터리? 바이킹 배는 왜 땅속으로
들어갔을까?•188

초등 수학 교과 연계표•189

프롤로그

별똥별이 소원을
들어줄 확률은?

놀이공원의 꽃, 바이킹 앞에서 황금동은 얼음처럼 꽁꽁 얼어붙었다. 꺅꺅 터지는 신나는 환호성이 살려 달라는 비명처럼 들렸다. 황금동은 지금까지 단 한 번도 바이킹을 타 본 적이 없었다. 하늘을 가르며 올라가는 바이킹을 쳐다만 봐도 다리가 후들거리는데, 어쩌란 말인가!

'지금이라도 도망갈까? 화장실에 갈까? 아이고, 준수는 왜 하필 놀이공원에서 생일 파티를 하는 거야!'

황금동은 놀이공원 생일 파티에 초대받았다고 좋아했던 기억은 까맣게 잊고, 준수를 원망했다. 은별이가 살그머니 다가와 금동이 뒤에 섰다.

"금동아, 우리 같이 타자.
사실 나……, 좀 무서워. 웃기지?"
"아니 뭐, 그럴 수도 있지. 하하, 하하."
애써 아무렇지도 않은 듯 웃었지만, 금동이의 속은 숯처럼 까맣게 타들어 갔다. 바이킹아, 고장 나라! 폭풍우야, 쏟아져라! 시간아, 멈춰라! 별별 주문을 다 외웠지만, 기어이 금동이와 친구들이 탈 차례가 돌아왔다. 금동이는 주춤주춤 물러섰다.
"금동아, 너 먼저 타."
은별이가 금동이의 등을 살짝 밀었다. 어쩔 수 없었다. **금동이는 바이킹을 타고 말았다.** 첫사랑 은별이가 옆에 앉았지만, 아무 느낌이 없었다.
끼익끅, 바이킹은 **유령 기침 소리**를 내며 움직였다.
끼이익, 끼이익끅, 끄윽…….
'으아악, 고추가 빠질 것 같아. 으웨웨, 뇌가 날아갈 것 같아. 크웨웨, 위장이 튀어나올 것 같아. 웩.'

　다음 날, 금동이의 별명은 '황금똥'에서 '토쟁이'로 바뀌었다. 새 옷을 망친 은별이는 금동이를 볼 때마다 눈에서 레이저를 쏘았다. 금동이의 인생은 그야말로 '웩'이 되고 말았다.

　별똥별 쇼를 보러 가는 내내 금동이는 웩이 된 인생을 생각했다. 철이 없어 걱정도 없는 여동생 소라는 금동이 옆에 앉아 큰 소리로 소원을 읊어 댔다.

　"별똥별님, 제 소원은 비즈 세트와 공주 드레스, 요술봉입니다. 그리고 별똥별님……."

　"시끄러워. 별똥별이 어떻게 소원을 들어주냐, 바보야?"

　금동이는 버럭 소리를 질렀다.

　"엄마, 오빠가 자꾸 나쁜 말 해."

　소라가 냉큼 일러바쳤다. 엄마가 돌아보았다.

"금동아, 별똥별이 소원을 이뤄 줄지 안 이뤄 줄지는 모르는 거야. 엄마는 오늘 별똥별을 100개 보고 소원 100개 빌 거야. 별똥별이 10%만 들어줘도 10개는 이뤄지니까, 호호호."

"아빠도 별똥별 100개 볼 거다. 아빠는 한 가지 소원을 100번 빌 거니까, 하나만 이뤄져도 100%지롱. 하하하."

무한긍정대마왕 아빠 덕분에 금동이의 입가에도 웃음이 돌았다. 금동이가 물었다.

"엄마, 나는 한 가지 소원을 100번 빌까, 100가지 소원을 빌까? 소원이 이뤄질 확률이 어느 게 더 높을까요?"

"별똥별에게 물어봐."

엄마, 아빠가 동시에 대답하며 깔깔 웃었다.

어느새 차는 깜깜한 언덕 꼭대기에 도착했다. 하나, 둘, 셋, 넷……, 황금동은 습관처럼 별을 셌다.

"금동아, 소원은 정했지? 급하면 이상한 거 빌게 된다."

앗! 황금동은 별 세기를 멈추고 얼른 눈을 감고 소원을 생각했다.

'그래, 나의 웩 인생을 바꿔 달라고 해야지. 바이킹을 타도 안 무섭게, 바이킹 용사처럼 용감해지게 해 달라고 빌 거야.'

황금동은 눈을 떴다. 바로 그 순간 별똥별이 '휙' 떨어졌다.
"어어어어!"
황금동과 아빠, 엄마, 소라 모두 괴상한 비명을 질렀다.
"얘들아, 소원 빌었니?"
"아니, 너무 빨리 떨어졌어."
"나도요."
황금동은 마음을 굳게 먹고 또다시 다음 별똥별을 기다렸다. 추워서 옷을 여몄다. 하필이면 바로 그때 별똥별이 떨어지다니!
"우에에에에에!"
이번에도 괴상한 소리만 내고 말았다. 다음번에는 꼭 빌어야지. 황금동은 눈을 부릅뜨고 밤하늘을 쳐다보았다. 눈물이 날 때까지 밤하늘을 노려보다가 어쩔 수 없이 눈을 깜빡였다. 바로 그때, 밤하늘 한가운데서 굵은 별똥별이 나타났다.

"바, 바이킹……."

소원을 다 빌지도 못했는데, 별똥별은 유령처럼 꼬리를 살랑 흔들며 사라지고 말았다. 그것으로 끝이었다. 황금동은 콧물을 훌쩍이며 집으로 돌아갔다.
'처음으로 별똥별에 빈 소원이 바이킹이라니! 바이킹을

어쩌라고! 별똥별이 오해해서 평생 바이킹을 타게 하면 어쩌라고? 날 바이킹 시대로 보내 버리면 어쩌라고? 초등학생 상상치고는 너무 유치하다고? 별똥별한테 소원을 빈 건 안 유치하고?'

 차를 타고 집에 오는 내내 황금동은 제 주먹으로 머리를 콩콩 백서른네 번이나 때리며 후회했다.

스토리텔링 수학

바이킹 용사
붉은 까마귀 에릭

  지금으로부터 약 1100년 전, 아이슬란드의 바닷가 바이킹 마을에 붉은 머리털을 가진 **무시무시한 바이킹 용사** 에릭이 살았다. 에릭은 덩치가 크고 힘이 셀 뿐 아니라, 마을 남자 중에서 셈을 가장 잘했다. 마을 사람들은 에릭이 똑똑한 까마귀처럼 수를 잘 센다며 '붉은 까마귀 에릭'이라 불렀다. 마을 젊은이들은 붉은 까마귀 에릭을 무척 좋아했다. 모두 캡틴(선장) 에릭의 배를 타고 싶어 했다. 에릭과 함께 항해를 하면 누구라도 신나는 모험을 하고 귀한 보물을 얻을 수 있기 때문이었다.

  물론 에릭에게 배가 있을 때 얘기이다.

3년 전, 에릭의 배는 폭풍우에 휩쓸려 부서졌다. 유능한 캡틴 에릭 덕분에, 다행히 23명의 선원들은 살아서 마을로 돌아왔다. 죽은 사람은 단 한 명, 아빠 배에 몰래 탄 에릭의 딸 스푸크뿐이었다.

그날 이후 스푸크는 유령이 되었다. 유령 스푸크는 살아 있을 때처럼 아빠 곁을 맴돌며 재잘거렸다.

하지만 유령을 볼 수 없는 에릭은 딸의 죽음에 충격을 받아 집 안에만 있었다. 얼마 후 스푸크의

엄마마저 **끔찍한 전염병**으로 세상을 떠나자, 에릭은 가구처럼 꼼짝도 않고 집 안에만 틀어박혀 있었다.

⋮

그렇게 3년이 지난 어느 날, 붉은 까마귀 에릭은 벌떡 일어나 숲으로 갔다. **바이킹 배를 만들려는 것이다.**

바이킹 배의 재료로는 굵고 곧은 참나무와 널빤지를 만들

소나무, 양털을 꼬아 만든 밧줄, 그리고 타르(목재, 석탄, 석유 등에 열을 가하면 생기는 검고 끈끈한 액체)가 필요했다. 바이킹 배는 굵은 나무로 뼈대를 만들고, 널빤지로 몸을 만든 다음, 검고 끈적끈적한 타르를 밧줄에 묻혀 나무의 이음매를 채워 만들기 때문이다.

"나무를 베어야지."

에릭은 숲으로 들어갔다. 친한 친구 뚱보 오딘도 도끼를 들고 에릭을 따라갔다.

"에릭, 나무는 내가 베어 줄게. 어떤 걸 벨까?"

에릭은 키가 큰 참나무를 올려다보며 대답했다.

220cm 300cm 400cm 500cm 600cm

400cm 초과 : 400cm 보다 큰 나무 → 500cm, 600cm
400cm 미만 : 400cm 보다 작은 나무 → 220cm, 300cm
400cm 이상 : 400cm 보다 크거나 같은 나무 → 400cm, 500cm, 600cm
400cm 이하 : 400cm 보다 작거나 같은 나무 → 220cm, 300cm, 400cm

"뼈대가 될 참나무는 300cm 초과, 500cm 미만짜리 세 그루면 돼."

"300cm 초과면 300cm보다 더 큰 거지? 500cm 미만은 500cm보다 더 작은 것이고. 그럼 자네가 원하는 참나무는 400cm 한 그루밖에 없어."

오딘이 400cm짜리 참나무를 베며 말했다.

"그럼 나머지 두 그루는 300cm 이상, 500cm 이하로 하지."

"좋아. 이상은 같거나 더 큰 수를 말하고, 이하는 같거나 더 작은 수를 말하는 것이니까 300cm, 500cm 참나무를 베면 되겠다."

오딘은 300cm, 400cm, 500cm 참나무 세 그루를 나란히 눕혀 놓고 또 에릭에게 물었다.

"널빤지를 만들 소나무는?"

"100cm 이상 200cm 미만으로 58그루."

오딘은 에릭의 말대로 소나무를 베었다. 그런데 나중에 세어 보니, 소나무가 50그루뿐이었다. 에릭이 물었다.

"오딘, 소나무가 왜 50그루뿐이야?"

"버림을 해서 십의 자리까지만 구했어. 설마 천하의 붉은 까마귀 에릭이 올림, 버림을 모르는 건 아니지?

올림은 구하려는 자리 미만의 수를 올려서 나타내는 거야. 올림을 하여 58을 십의 자리까지 나타내면 60이야.
버림은 구하려는 자리 미만의 수를 모두 버리는 거잖아. 십의 자리까지 나타내려면, 일의 자리에서 버림을 하면 돼. 58에서 8을 버려 50이야.

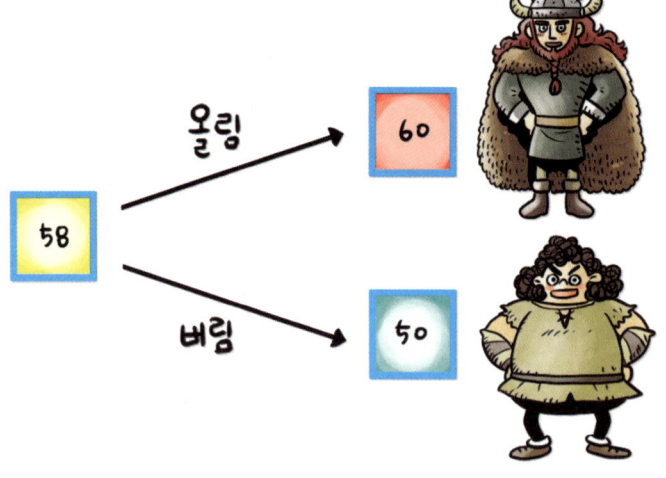

 그래서 난 버림을 했지. 너한테 수학 배우길 잘한 것 같아. 하하하!"

 힘들어서 소나무를 적게 베었으면서 오딘은 천연덕스럽게 변명을 했다.

 "오딘, 그래도 버림은 너무했어. 반올림을 해 줘."

 "반올림? 구하려는 자리의 한 자리 아래 숫자가 5보다 작을 때는 버리고, 5와 같거나 클 때는 올리는 거 말이야? 58을 일의 자리에서 반올림하면 8이 5보다 크니까, 올려야 해서 60이네. 이런, 자네가 셈 도사인 걸 잊었어. 꾀부리다 오히려 내가 당했군."

 오딘은 소나무를 10그루 더 베어서 60그루로 맞추었다.

 에릭과 오딘은 나무를 바닷가로 끌고 가 뚝딱뚝딱 순식간에 바이킹 배를 완성했다.

 "와! 정말 멋져요. 에릭 삼촌, 이번 항해에 저도 꼭 같이 갈게요."

 에릭의 조카인 하랄트가 부러운 눈으로 에릭의 배를 쳐다보았다.

 "삼촌, 이 배 이름이 뭐예요?"

 에릭은 대답 대신 뱃머리에 단 뱀 괴물 조각상을 가리켰다. 그 밑에 룬 문자로 이렇게 새겨져 있었다.

스푸크 열한 번째 생일에

하랄트가 입술을 비틀며 고개를 끄떡였다. 바이킹 여자애는 항해를 할 수 없는데도, 스푸크는 늘 바다를 꿈꿨다. 어차피 이젠 다 소용없는 일이지만……. 하랄트는 다시 명랑하게 말했다.

"삼촌, 이제 시험 항해만 하면 되나요? 제가 준비할까요?"
"내가 알아서 하마."

에릭은 오딘만 데리고 바다로 나갔다. 잘 만들어진 배는 거친 파도를 매끄럽게 헤치며 부드럽게 나아갔다. 에릭은 스푸크의 머리카락이 들어 있는 가죽 주머니를 품에서 꺼내 만지며 소리쳤다.

"스푸크, 네 열한 번째 생일에 배를 태워 주겠다는 약속, 지켰다! 부디 잘 지내라! 우리 딸, 사……."

마지막 말은 울음이 섞여 잘 알아들을 수 없었지만 스푸크는 아빠의 마음을 이해했다. 스푸크는 에릭의 어깨를 꼭 껴안았다.

"제 생일에 배를 태워 주셔서 고마워요. 전 영원히 아빠 곁에 있을 거예요."

에릭은 유령인 스푸크를 볼 수도, 느낄 수도 없었지만 포근한 바람이 어깨 위에 잠시 머물다 가는 느낌을 받았다.

"캡틴 붉은 까마귀. 바이킹 용사로 돌아온 거야?"

뚱보 오딘이 물었다. 에릭은 힘차게 고개를 끄덕였다.

"누구든 나타나기만 해 봐. 용맹한 바이킹답게 단숨에 약탈해 주마. 껄껄껄."

 바다는 잔잔했고, 에릭이 약탈할 배는 나타나지 않았다. 에릭은 기분 좋게 집으로 돌아왔다. 그런데 집에 도둑이 들었다. 도둑은 에릭이 아끼는 무쇠솥을 들고 언덕 위로 달아나고 있었다.
 "감히 우리 솥을 훔쳐? 그건 스푸크 엄마의 유품이란 말이다!"

　스푸크의 엄마는 전염병으로 죽기 전, 에릭에게 신신당부를 했다.
　"에릭, 스푸크는 내가 유령이 되어 잘 돌볼게, 걱정하지 마. 그런데 당신은 누가 돌보지?"
　에릭은 죽는 순간까지 자신을 걱정하던 아내를 한시도 잊지 못했다. 에릭은 번개처럼 달려 도둑을 쫓아갔다. 스푸크도 아빠를 따라가며 소리쳤다.
　"아빠, 힘내요! 도둑을 혼내 줘요!"
　에릭은 도둑을 거의 따라잡았다. 도둑은 절벽 끝으로 달려갔다.
　"에잇, 빨간 머리 덩치야. 네 솥 도로 가져가라!"
　도둑은 솥을 번쩍 들었다. 에릭에게 솥을 던지고 절벽 밑으로 달아날 생각이었다.
　하필이면 그때 강렬한 북풍이 불어왔다.
　"어, 어, 어……!"
　도둑은 균형을 잃고 휘청거리다 그만 절벽 아래로 떨어지고 말았다. 에릭이 재빨리 달려가 손을 뻗었지만 이미 늦었다. 불행 중 다행으로 도둑은 목숨은 건졌지만 크게 다쳤다.
　며칠 뒤, 에릭의 집에 마을 원로(나이나 벼슬, 덕망이 높은

벼슬아치를 이르던 말)들이 찾아왔다.

"붉은 까마귀 에릭, 사람을 크게 다치게 한 벌로 마을에서 5년 동안 추방하겠다!"

"뭐라고요? 난 단지 내 물건을 찾으러 도둑을 뒤쫓았을 뿐이오!"

"에릭, 우리도 자네가 좀 억울할 수도 있다고 생각하네. 하지만 법은 법이니까, 마을을 떠나 주게. 부탁일세."

에릭은 솟아오르는 화를 어찌할 수 없어서 주먹으로 탁자를 내리쳤다. 쩍 소리와 함께 탁자가 둘로 갈라졌다. 에릭은 성난 눈으로 갈라진 탁자를 노려보다 울음을 터트렸다. 커다란 등을 벽에 기댄 채 스푸크의 머리카락이 든 가죽 주머니를 꺼내 손에 꼭 쥐고 으흐흑 흐느꼈다.

"아빠, 걱정하지 말아요. 제가 아빠를 구해 줄게요."

스푸크는 당장 지하실로 날아 내려갔다. 지하실 입구에는 유령만 볼 수 있는 글자로 <u>미스터리 바이킹 유령 탐정 사무소</u>라고 적혀 있었다.

바이킹 유령 탐정 사무소는 스푸크의 엄마인 파이알 유령이 차린 것이었다. 생전에 무척 똑똑했던 파이알 유령은 까막눈(글을 읽을 줄 모르는 무식한 사람의 눈)인 에릭에게 글과 수학을 가르쳐 셈 도사로 만든

주인공이었다.

　유령이 된 뒤 더 똑똑해진 파이알 유령은 유령 세계에서 소문이 자자할 정도로 뛰어난 탐정이 되었다. 오늘도 파이알 탐정 유령은 <유령 도둑 사건>을 해결하러 머나먼 유령 우주에 가 있었다.

　"엄마가 없으니까, 내가 아빠를 도와야 해. 천재 파이알 탐정 유령의 조수 이 스푸크가 말이야. 음, 먼저 내 생각을 아빠에게 전해

줄 사람을 찾아야 해. 다음엔 **인어 유령의 황금 비늘**로 시간을 되돌려 도둑이 다치기 전으로 돌아가 아빠를 말리면, 사건은 깨끗하게 해결되겠지? 먼저 유령의 친구를 찾아볼까?"

스푸크는 먼지가 뿌옇게 쌓인 책장을 열고 유령의 친구를 모아 놓은 인명사전을 꺼내 펼쳤다. 유령의 친구 인명사전은 유령을 볼 수 있고, 유령과 이야기를 나눌 수 있고, 유령과 함께 시공간을 이동할 수 있는 특별한 사람들을 모아 소개하는 책이다.

"흠, 이 사람은 못생겼고, 이 사람은 되게 못생겼고, 이 사람은 너무 못생겼고……."

두꺼운 인명사전의 책장을 거의 다 넘겼을 때, 커다랗고 순수해 보이는 검은 눈동자가 매력적인 남자아이가 나타났다.

"오, 이 아이다! **대한민국, 황금동, 골드 브론즈!** 인어 유령의 황금 비늘아, 나를 골드 브론즈에게 데려가 줘."

스푸크는 아이의 얼굴 그림에 인어 유령의 황금 비늘을 댔다. 인어 유령의 황금 비늘은 유령을 원하는 시간, 원하는 공간 어디라도 데려다주는 마법의 타임머신 같은 것이었다. 인어 유령의 황금 비늘은 스푸크를 2016년 대한민국

 강화도의 밤하늘로 순식간에 데려다주었다. 스푸크는 슝슝 떨어지는 별똥별을 피하며 어두운 언덕으로 내려갔다.
 "바, 바이킹……."
 스푸크는 소원을 소리치는 황금동 옆에 슬그머니 섰다.
 "유령의 친구, 바이킹이 되길 원하나? 그 소원은 바이킹 유령 스푸크가 들어줄게. 별똥별은 소원을 들어줄 만큼 한가하지 않대. 히히."

천하무적 바이킹 배

바이킹이 수백 년 동안 유럽을 장악할 수 있었던 비결은 바로 훌륭한 배에 있었다.

바이킹 배는 노와 돛을 함께 달아 바람의 힘으로 먼 거리를 항해했다. 만약 돛이 없었다면, 노를 저어서 머나먼 영국, 프랑스까지 가기가 매우 어려웠을 것이다.

바이킹 배는 얕은 바다에서도 속력이 매우 빨랐다. 적들이 바이킹의 침략을 알아채도 달아날 틈이 없을 정도였다. 그렇게 속도가 빠를 수 있었던 이유는 배의 몸체를 길이는 길게, 폭은 좁게 만들어 물에 깊이 잠기지 않게 하였기 때문이었다.

대형 바이킹 군함은 총길이가 30m나 되었고, 36명의 전사들이 노를 저어 힘차게 움직였다. 뱃머리에는 무시무시한 조각을 달고, 배 옆면에는 방패를 줄줄이 달아, 보기만 해도 소름 끼치게 무섭도록 만들었다.

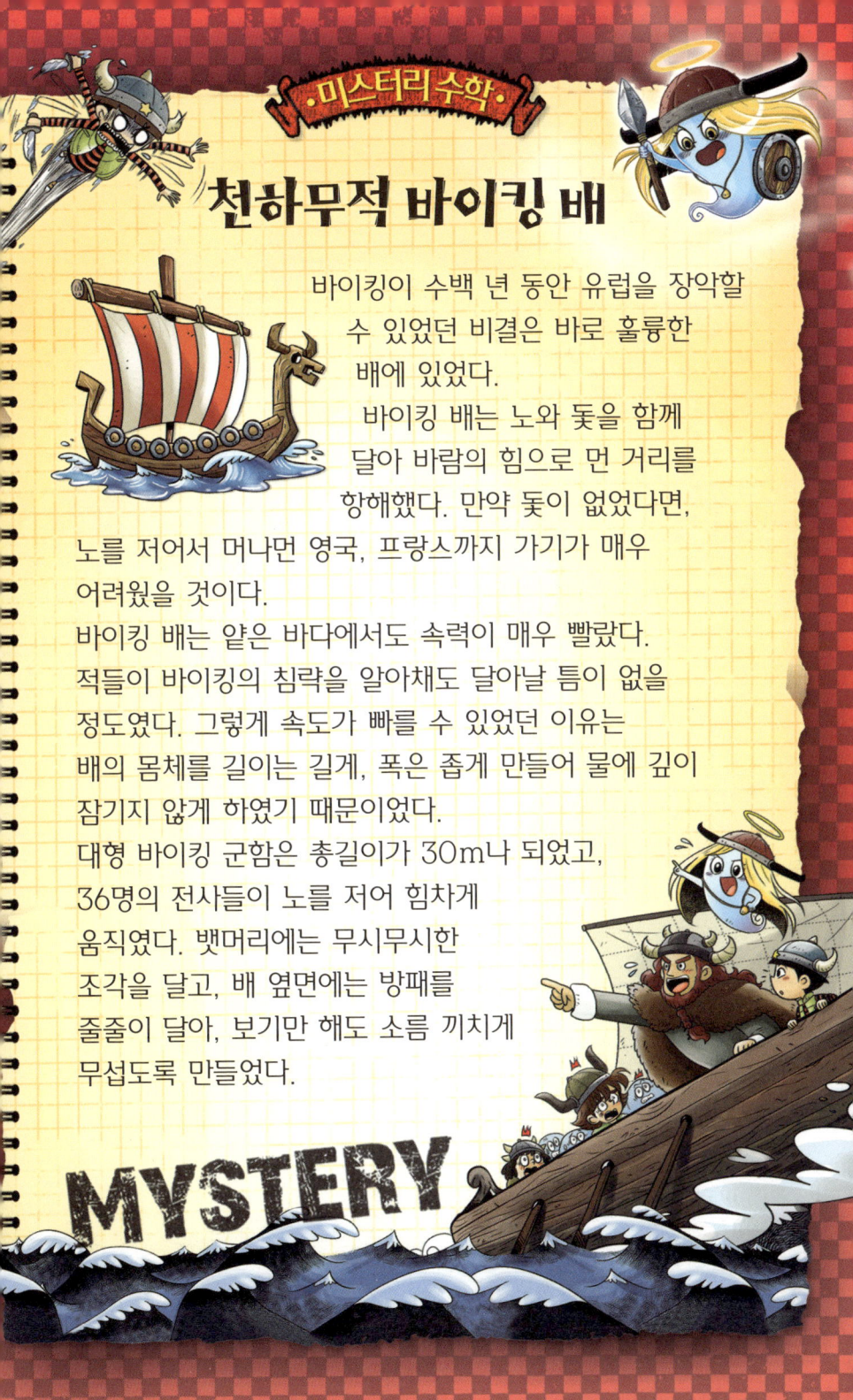

1100년 전 과거로 간 골드 브론즈

  별똥별 쇼를 보고 온 날, 황금동은 금세 곯아떨어졌다. 잠결에도 무릎이 콕콕 쑤시고, 허리가 끊어질 것 같고, 목이 떨어질 것처럼 아팠다. 바이킹 놀이 기구를 탄 것처럼 몸이 흔들리고 어지러웠다.
  황금동은 눈을 떠 보았다. 햇살이 너무 밝아서 아무것도 보이지 않았다. 하지만 곧 반짝이는 푸른 바다와 바이킹 투구를 쓴 여자아이의 모습이 어렴풋이 보였다.
  "짜잔! 축하해. 네 소원이 이뤄졌어!"
  햇살에 적응한 눈동자에 파란 하늘과 조각배와 흐릿한 유령 소녀의 모습이 비쳤다.

"꿈인가……?"

황금동은 제 팔을 힘껏 꼬집었다. 꼬집혀 아픈 팔에 진짜 물방울이 튀었다. 유령 소녀가 소름 끼치도록 차가운 숨을 내쉬며 황금동의 귓가에 속삭였다.

"골드 브론즈, 넌 진짜 바이킹이 되었어. 여긴 아이슬란드 앞바다야. 난 스푸크. **용감한 바이킹 유령**이지."

황금동은 멍한 눈으로 유령이라는 아이를 쳐다보았다.

'골드 브론즈? 누구? 나? 내가 골드 브론즈라고? 아, 예전에도 이런 일이 있었던 것 같아. 꿈인지 전생인지 모르지만, 여자애 유령이 나타나 날 골드 브론즈라 부르며 수상한 부탁을 했지.

그리고 무슨 일이 일어났더라?'
그때 유령이 천사 같은 목소리로 다시 말했다.

"바이킹 시대로 온 것을 환영해. 골드, 넌 네가 살던 때에서 약 1100년 전 과거로 오게 되었어.

용맹한 바이킹 캡틴인 우리 아빠, 붉은 까마귀 에릭이 도둑을 다치게 만들기 직전으로 말이야. 저 배 보이지? 우리 아빠 배야. 넌 아빠를 따라가서 아빠가 도둑을 다치게 하지 못하도록 막아 줘. 무슨 수를 써서라도 말이야. 그 다음에는 나랑 같이 멋진 바이킹 배를 타고 모험을 하자. 좋지, 좋지?"

황금동은 유령 여자아이의 말을 하나도 이해할 수 없었다. 하지만 뱃머리에 뱀처럼 생긴 무시무시한 괴물 조각이 붙어 있는 바이킹 배는 금방 찾을 수 있었.

진짜 바이킹이었다. 해적, 약탈자, 사람을 잡아다 노예로 삼는 악당.

뿔 달린 투구를 쓴 끔찍한 바이킹 용사가 황금동의 배로 얼굴을 내밀었다.

"누구든 나타나면 약탈을 해 주겠다고 하니, 진짜 나타났네. 쩝, 어쩔 수 없지. 가진 거 다 내놔라! 난 무시무시한 바이킹 캡틴, 붉은 까마귀 에릭이다!"

에릭은 밧줄 사다리를 타고 황금동의 배로 내려왔다. 황금동은 너무 무서워서 정신을 차릴 수 없었다.

"골드, 이 사람이 우리 아빠야. 우리 아빠를 따라가서 꼭 구해 줘."

"나처럼 작은 애가 어떻게 무시무시한 바이킹을 구해?"

황금동은 울상이 되어 속삭였다.

"할 수 있어. 해야 해. 네가 우리 아빠를 설득하든지, 힘으로 막든지, 속이든지 어떻게든 해 봐."

"싫어! 싫다고!"

황금동이 계속 거절하자, 스푸크의 눈꼬리가 하늘로 치켜 올라갔다.

"너, 지금 유령 무시하는 거야? 내 부탁, 안 들어주면 바이킹 유령의 본때를 보여 줄 거야! 평생 이 차가운 바다를 떠돌게 해 줄 테다, 어쩔래?"

스푸크는 바이킹의 본색을 드러내며 으르렁거렸다. 황금동은 울먹이며 소리쳤다.

"싫어! 싫어! 이 못돼 먹은 바이킹 유령아!"

"꼬마야, 못된 바이킹 코앞에서 그렇게 말하면 못된 바이킹 상처 받는다. 진짜 못되게 한번 털어 줄까나?"

에릭은 정말로 황금동을 거꾸로 들고 탈탈 털었다. 주머니에 있던 연필과 지우개, 동전이 바닥으로 떨어졌다.

"이게 다냐? 쩝, 3년 만의 약탈치곤 너무하군."

에릭은 동전만 챙겨 사다리에 올라탔다. 스푸크가 황금동의 등을 떠밀며 속삭였다.

"골드, 부탁해. 아빠를 구해 주면 너를 무사히 집으로 돌려보내 줄게. 도와줘."

황금동은 어쩔 수 없이 에릭의 옷자락을 붙잡았다.

"전 골드 브론즈예요. 저도 데려가세요."

"널? 뭐에 쓰게?"

"세상에 쓸모없는 사람은 없다고요!"

순간 에릭의 눈빛이 흔들렸다.

"바이킹의 노예라도 될게요."

황금동은 최대한 불쌍한 표정을 지으며 말했다.

"참 나, 바이킹의 노예가 되겠다고 사정하는 녀석은 처음이구먼. 소원이라면 좋다. 하지만 나는 멍청한 노예는 딱 질색이야. 자, 여기에 1~6까지 숫자를 알맞게 넣어 봐라."

'이건 **부등호**(두 수 또는 두 식 사이의 크기 관계를 나타내는 기호)에 따라 숫자를 배치하는 문제야. 수 세기가 취미인 내게 이런 건 식은 죽 먹기지.'

황금둥은 먼저 가장 작은 숫자가 들어갈 자리를 찾고, 다음으로는 가장 큰 숫자의 자리를 찾아 넣었다. 나머지 칸에 들어갈 알맞은 숫자 찾기는 더욱 쉬웠다.

"제법인걸. 그럼 이건 어떠냐? 아이슬란드에 사는 동물들을

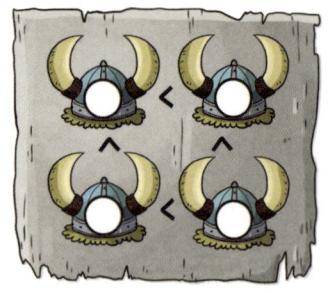

생각해서 완성해 봐라."

"칸이 네 개니까, 각 칸에 순서대로 ①~④까지 번호를 붙여 생각하면 되죠. 가장 먼저 먹히는 동물을 ①, 모두를 잡아먹는 동물을 ④. 그럼 ①은 물고기, ②는 바다오리, ③은 북극여우가 좋겠네요. ④는 뭘로 하지? ①~③의 동물을 모두 잡아먹는 동물이라면 북극곰!"

황금동은 생각해 낸 동물들을 그려 넣었다.

하지만 아이슬란드에는 북극곰이 살지 않는다. 길 잃은 북극곰이 북극에서 떠내려온다면 또 모를까. 골똘히 생각하던 황금동은 드디어 답을 찾았다.

"아! ④는 바이킹이에요! 사람도 동물이니까요."
"수학 실력만큼 그림 솜씨도 훌륭하구나!"
북극곰도 잡아먹을 것 같은 바이킹 용사 에릭이 껄껄

 웃으며 황금동을 바이킹 배에 태웠다.
 배는 금세 부두에 닿았다. 에릭은 배에서 내리자마자 집으로 향했다.
 "골드 브론즈, 어서 집에 가자. 시원하게 꿀술을 마시고 낮잠이나 좀 자야겠다."
 "네? 집이요? 도둑을 만나려고요? 앗, 그게 아니라…… 저랑 바닷가 구경 좀 하실래요? **바이킹 마을**은 처음이거든요. 배 구경은 어때요? 낚시는요? 상어도 잡히나요?"

　황금동은 에릭의 다리를 붙잡고 늘어졌다. 도둑을 못 만나게 하려면 집에 못 가도록 잡아 두어야 했다. 하지만 에릭은 황금동을 탈탈 털어 내고는, 힘차게 집으로 걸어갔다. 하는 수 없이 황금동은 반쯤 뛰다시피 걸으면서 에릭을 쫓아갔다.
　"캡틴, 잠깐만요. 캡틴, 세상에 솥은 많죠? 혹시 누가 훔쳐 가도 새로 사면 되죠?"
　"우리 집에는 솥이 하나뿐이야. 내 아내가 쓰던 소중한 솥이지. 그걸 훔쳐 가는 놈이 있다면, 목숨이 무사하지 못할걸."
　"목숨보다 귀한 솥은 세상에 없어요. 캡틴도 알잖아요."
　어느새 에릭의 집에 도착하고 말았다. 황금동은 얼른 문을 막아섰다.
　"캡틴 에릭! 제 말이 엉뚱하게 들릴지 모르지만 어쨌든 들어야 해요. **전 미래에서 왔어요!** 캡틴의 딸, 지금은 유령이 된 스푸크가 저를 이리로 불렀죠. 캡틴은 오늘 솥 도둑을 다치게 해 마을에서 쫓겨나게 될 거예요. 저는 그 사고를 막으러 왔어요. 그러니까 도둑이 솥을 훔쳐 가든 돈을 훔쳐 가든 절대로 쫓아가서 다치게 하면 안 돼요. 안 그러면……."

"너 정말, 제정신이 아니구나!"

에릭은 황금동을 밀치고 문을 벌컥 열었다. 하필이면 바로 그 순간 도둑이 솥을 들고 나왔다.

"이 도둑놈. 감히 내 솥을 훔쳐?"

에릭은 도둑이 들고 있는 솥을 덥석 잡았다. 도둑도 솥을 빼앗기지 않으려고 잡아당겼다.

"도둑 아저씨!

그냥 놔줘요. 캡틴 에릭은 정말 힘이 센데다가 이 솥은 아내의 유품이래요."

하지만 도둑은 황금동의 말을 듣지 않았다. 둘은 커다란 무쇠솥을 양쪽에서 잡아당기며 실랑이를 벌였다. 둘 중 누군가는 솥을 놓아야 했다. 강제로라도 말이다. 황금동은 에릭의 팔을 꽉 물었다.

"으아악!"

에릭이 비명을 지르며 솥에서 손을 뗐다. 무쇠솥이 도둑 쪽으로 훅 넘어갔다.

"으헉!"

도둑은 그만 솥에 깔리고 말았다. 그 순간 솥에 눌린 도둑의 다리가 뚝 소리를 내며 부러졌다.

에릭은 결국 도둑을 다치게 한 죄로 마을에서 5년간 쫓겨나는 벌을 받았다. 황금동은 에릭을 쳐다보며 한숨을 푹푹 쉬었다. 스푸크도 같이 한숨을 쉬다가 느닷없이 손뼉을 짝 치며 말했다.

"아, 맞다. 인어 유령의 황금 비늘이 시간을 과거로 돌릴 수는 있지만, 과거의 일을 바꾸지는 못한다고 들었어. 내가 그걸 왜 까먹었지?"

"뭐? 그럼 난 뭐한 거야? 완전 헛발질했잖아."

"골드, 미안해. 그런데 이제 우리 아빠를 어떻게 도와야 하지? 울 아빠, 어떡하지?"

스푸크가 눈물을 글썽이며 황금동을 쳐다보았다. 우는 애한테 화를 낼 수도 없고, 황금동은 하마처럼 콧김만 씩씩 뿜어 댔다.

바이킹의 모험이 시작되다!

"크라켄의 수다를 헤치고 가면, 영차 영차! 얼음 속 푸른 보물을 만날 것이다, 영차 영차! **전설의 푸른 땅**, 영차 영차! 용맹한 바이킹, 영원한 용사."

에릭은 출항 준비를 하는 내내 경쾌한 노래를 불렀다. 마을에서 쫓겨나 어쩔 수 없이 바다로 나가게 되었는데, 더없이 신나 보였다. 스푸크도 마찬가지였다. 에릭의 곁을 바쁘게 날아다니며 이것저것 참견을 했다.

"골드, 차라리 잘된 것 같아. 우리 마을은 땅도 거칠고 살기에도 나빴어. 더 좋은 땅을 찾아서 살면 더 행복하겠지, 안 그래? 게다가 항해를 떠나면 진짜 바이킹다운 모험을

할 수 있잖아? 난 여자라서 바이킹 모험을 한 번도 해 보지 못했거든. 이번 항해에서 아빠한테 진짜 용감하고 멋진 스푸크를 보여 줘야지. 어서 출발해야 할 텐데……. 엄마가 돌아오면, 날 안 보내 줄 거야. 울 엄마, 바이킹 중에서 보기 드물게 과잉보호 맘이거든."

즐거워하는 스푸크를 보고 있자니, 황금동은 화가 났다.

"스푸크! 마을에서 쫓겨나는 게 좋으면서 나는 왜 불렀어? 위험하고, 음식도 맛없고, 야만적인 바이킹 시대로 왜 부른 거냐고? 나는 우리 집, 대한민국, 21세기가 좋다고!"

"어머, 넌 바이킹이 되고 싶어 했잖아. 난 네 소원을 들어준 거야. 네 소원을 들어주느라고 내가 얼마나 애썼는데, 너무해!"

어이없다는 스푸크의 반응이 너무 어이없어서 황금동은 숨이 막힐 것 같았다. 황금동은 두 손으로 목을 감싸고 비명을 질렀다. 에릭이 황금동의 등을 턱 쳤다. 숨이 탁 트였다.

"골드 브론즈, 난 마지막으로 저 언덕에 좀 다녀오마. 너는 이 돛을 완성해 달아 놓고, 우리와 함께 가겠다는 선원들이 나타나면 줄 세우고 있어."

선원……이 나타날 리 없었다. 예전에는 마을의 바이킹

용사들 모두가 에릭과 항해를 하고 싶어 했지만, 지금은 아무도 죄인의 배를 타려 하지 않았다. 그래도 바이킹의 인심이 아주 나쁜 편은 아니었다. 뚱보 오딘의 아내는 말린 고기와 생선 등 비상식량을 넉넉하게 싸 가지고 왔다.

"골드 브론즈, 에릭에게 미안하다고 전해 주렴. 오딘이 에릭을 따라간다는 걸, 내가 말렸거든. 우리 아이들이 아직 어려서 아빠가 필요해."

마을 원로 할아버지는 꿀술을 가져왔다. 억울한 사람을 쫓아내는 게 양심에 좀 찔렸던 모양이다. 이름을 알 수 없는

 잘생긴 젊은이는 낚싯바늘과 낚싯줄을, 지팡이를 두 개나 짚은 할머니는 과연 먹을 수 있을까 싶게 소금에 푹 절인 해초를 가져왔다.
 "고맙습니다. 우리 아빠를 걱정해 주셔서 고맙습니다. 잘 다녀올게요."
 스푸크는 찾아온 사람들의 뺨에 뽀뽀를 해 주었다. 얼음처럼 차가운 **유령 뽀뽀**를 찬바람이라고 생각한 사람들은 목도리나 옷으로 얼굴을 꽁꽁 싸맨 채 총총총 돌아갔다.
 "골드, 어서 돛을 완성해. 돛은 아주 중요하니까. 바이킹 배는 노와 돛을 동시에 사용하거든."
 스푸크의 말에 황금동은 돛으로 쓸 천을 펼쳐 보았다.
 "뭐야? 천 조각뿐이잖아. 돛은 엄청 커야 한다며?"
 "맞아. 우리 배의 돛은 가로 300cm, 세로 210cm의 직사각형이어야 해. 이런 천 조각 한 장으로는 절대로 만들 수 없지. 그러니까 이어 붙여야지. 너, 바느질은 좀 하지?"
 역시나 스푸크는 친구가 아니라 적이 분명했다. 바늘이라니! 뾰족한 바늘 끝에 찔려 잠자는 숲속의 공주, 아니 **잠자는 바다의 왕자**가 되면 어쩌려고! 하지만 왕자가 아니라 노예인 황금동은 얌전히 바늘을 집어

들 수밖에 없었다.

"돛의 넓이는 300×210=63000(cm²). 천 조각은 가로 40cm, 세로 35cm의 직사각형이니까, 넓이가 40×35=1400(cm²). 돛을 만들기 위해 필요한 천 조각의 개수는 63000÷1400=45(장). 45장이면 되겠다."

에릭이 주고 간 천 조각도 정확히 45장이었다. 황금동은 바닷가 모래밭에 돛 모양을 그려 놓고, 그 위에 천 조각을 펼치며 투덜거렸다.

"캡틴은 덩치보다 쩨쩨하네. 좀 넉넉히 주지, 딱 맞춰 줬네. 정 없게 말이야."

45장의 천 조각을 펼쳐 놓고 보니, 정 없는 게 문제가 아니었다. 천 조각이 3장이나 부족했다.

"어떻게 된 일이지?"

황금동과 스푸크는 한참 동안 천 조각들을 쳐다보았다. 마침내 황금동이 말했다.

"이 돛을 완성하려면 천 조각이 3장 더 필요해. 스푸크

네가 천 조각을 3장만 더 구해 와. 아니면 돛을 좀 작게 만들어야 해. 가로 280 cm, 세로 210 cm로 말이야."

"아니. 천 조각은 더 필요 없어. 우리에게 필요한 건 가위야."

스푸크는 확신했다. 황금동은 다시 한 번 천 조각들을 바라보았다. 가장자리의 천 조각이 바람에 날려 반으로 접혔다.

"알았다. 가로 40 cm의 천 조각을 8장 붙이면 320 cm야. 우리 돛은 가로가 300 cm, 남는 20 cm를 잘라 모자란 부분을 채우면 되는구나!"

$$42+(\frac{1}{2}\times 6)=45(장)$$

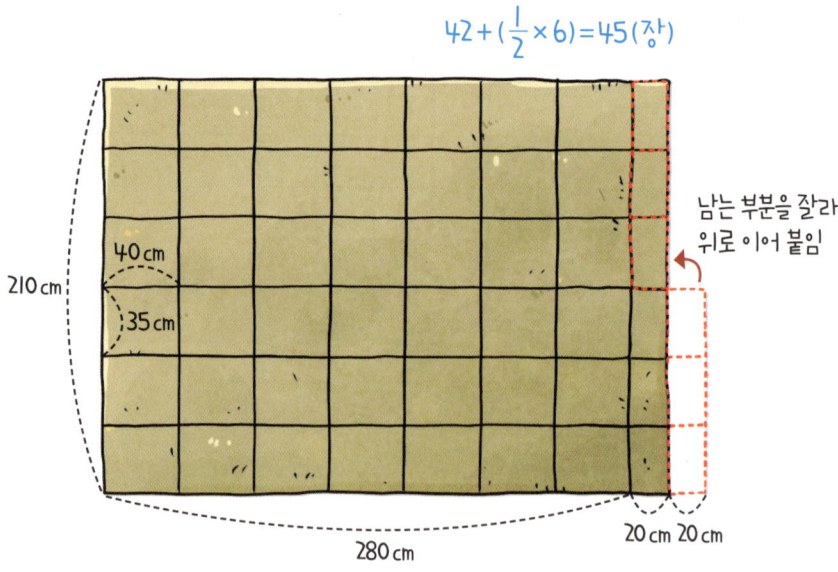

　황금동은 천을 자르고 바느질을 하여 드디어 돛을 완성했다.

　높은 돛대에 올라가 돛을 달고 나자, 황금동은 진짜 용맹한 바이킹이 된 것 같았다. 기분이 상쾌하고 뿌듯했다. 스푸크도 신이 나서 떠들었다.

　"골드, 우리 함께 전설의 푸른 땅으로 가자. 거긴 바이킹들이 한 번도 가 본 적 없는 따뜻하고 풍요로운 곳이래. 난 우리 아빠가 그 땅의 왕이 되어 새 인생을 시작했으면 좋겠어. 전설의 푸른 땅은 먼저 도착한 사람이 주인이거든."

　"그렇게 좋은 땅을 지금껏 왜 그냥 뒀대?"

　황금동의 질문에 스푸크는 목에 건 인어 유령의 황금 비늘을 들어 올렸다.

　"그건 바로 요 인어 유령의 황금 비늘을 가진 자만이 전설의 땅을 발견할 수 있거든. 전설의 땅 앞바다에는 인어 유령들이 살고 있는데, 인어 유령들이 안개를 피워서 전설의 땅을 가리고 있지. 보통 사람들은 전설의 땅 바로 앞을 지나가도 그 풍요로운 땅을 한 뼘도 볼 수 없는 거야.

 하지만 인어 유령의 황금 비늘을 가진 자에게는 문을 열어 준다고 했지. 하하하."
 스푸크는 제 아빠와 똑같이 자신만만하게 웃었다. 황금동이 물었다.
 "그런데 너희 아빠, 거기 가는 길은 아시니?"

　스푸크가 깔깔 웃으며 고개를 저었다.
　"당연히 모르지. 알았으면 벌써 찾으러 갔게?"
　황금동은 어이가 없었다. 스푸크에게는 무슨 계획이 있을 거란 생각에 물었다.
　"너는 알고 있니? 아님 지도라도 있어?"
　"아니. 내가 그걸 어떻게 알아? 전설 속 땅인데!"
　혹시나 했는데 역시나 스푸크에게는 아무 계획도 없었다. 그래도 스푸크는 걱정이 하나도 없는 표정이었다. 긍정대마왕인 에릭보다 스푸크가 한 수 위인 게 분명했다.
　"뭐, 크라켄의 수다 바다를 지나면 나온다니까, 전설의 노래를 따라 먼저 크라켄을 찾은 다음 순서대로 따라가다 보면 전설의 푸른 땅에 도착하겠지."
　황금동은 그냥 고개를 끄덕였다. 어차피 배를 운전하는 사람은 붉은 까마귀 에릭이고, 자신은 시키는 일을 하며 틈틈이 바이킹 모험이나 맛보면……. 황금동은 갑자기 정신이 번쩍 들었다.
　"스푸크, 바이킹 모험을 하다가 죽는 사람도 있니?"
　"당연하지! 바다가 그렇게 만만한 줄 알아?"
　"혹시 말이야, 내가, 그렇게 되어도 집에 돌아갈 수는

있는 거지? 그러니까 과거의 바이킹 시대에 와서 한 모험은 그냥 꿈같은 것이고, 어찌 되었건 나는, 이 모험에서 죽든지 살든지 21세기 대한민국으로 돌아가 황금동으로 살 수 있는 거지?"

스푸크가 껌뻑껌뻑 황금동을 쳐다보다가 한참 만에 대답했다.

"말을 너무 길게 하니까, 헷갈렸어. 아무튼 한번 죽으면 끝이야. 여기서 죽든, 대한민국에서 죽든 죽으면 그냥 유령이 되는 거야. 그러니까, 최선을 다해 살아남게, 바이킹 골드. 알았나?"

스푸크의 마지막 말은 아이슬란드의 차가운 겨울바람보다 더 소름 끼쳤다. 황금동은 온몸이 사시나무 떨리듯 마구 떨렸다.

"어이, 노예. 캡틴 에릭은 어디 있냐?"

느닷없이 건방진 목소리가 들려왔다. 에릭의 조카 하랄트가 제 또래의 남자아이들을 몇 명 이끌고 바이킹 배 위로 올라왔다. 하랄트는 배의 맨 뒷자리에 놓인 나무 상자를 뻥 찼다. 에릭이 황금동에게 소지품을 담으라고 준 나무 상자였다. 황금동의 상자는 쭉 밀려 나가 바다에 떨어질 뻔했다. 하랄트의 무리 중 가장 덩치가 작은 붉은

머리의 남자아이가 재빨리 황금동의 상자를 붙잡았다.
"노예 주제에 방향키를 잡으려고, 콱! 야, 다들 자리 잡아."
하랄트가 황금동을 을러대고는 맨 뒤에 자리를 잡자,
나머지 아이들이 그 앞에 자신들의 소지품 나무 상자를
주르르 놓고 앉았다.
"프레드, 노예에게 자리 좀 알려 줘라."
붉은 머리 프레드는
친구들의 맨 앞, 황금동
바로 뒤에 앉아
황금동에게 앞자리를
가리켰다.

어쩌다 보니 황금동은 배의 맨 앞에 앉게 되었다. 학교에서도 맨 앞자리는 절대 사양인데! 황금동은 부담스러워서 어쩔 줄 몰랐다.

곧 에릭이 돌아왔다. 에릭은 하랄트를 보고 너털웃음을 터트렸다.

"어이, 하랄트. 역시 왔구나. 젊고 멋진 용사들까지 해서 모두 일곱 명이라……. 7은 좋은 숫자야. 북두칠성도 일곱 개잖아? 하하하, 하하하!"

그런데 캡틴 에릭도 맨 뒷자리에 가서 섰다.

"스푸크, 왜 다들 뒤로 가는 거야? 설마, 나한테 배를 운전하라는 건 아니지?"

스푸크가 푸하하 배꼽을 잡고 웃었다.

"골드, 배의 방향은 맨 뒤에 있는 방향키로 잡아. 그러니까 맨 뒷사람이 배를 지휘하는 거야. 맨 앞에 있는 넌 그냥, 노나 슬슬 저으면서 가면 돼."

대놓고 무시당하는 것 같았지만, 한편으로는 마음이 놓였다. 황금동은 자리에 앉아 노를 꼭 붙들었다. 파도가 넘실넘실 자신을 넘봤다.

"스푸크, 안전띠 같은 건 없지? 배에서 떨어지면 어떡해!"
"안전띠? 그런 게 왜 필요해?"

스푸크는 어깨를 으쓱했다.

"쳇, 난 필요하다고!"

황금동은 아주 튼튼해 보이는 밧줄을 찾아서, 배에 단단히 묶은 다음 허리에 감았다.

"이게 내 **안전 밧줄**이야. 배에서 절대 안 떨어질 거야."

그 모습을 본 용맹한 바이킹 용사들은 하나같이 고개를 절레절레 흔들었다. 스푸크는 아예 대놓고 비웃었다. 하지만 황금동은 안전 밧줄 덕분에 마음이 좀 놓였다.

"바이킹 용사들이여, 노를 저어라! 전설의 모험이 시작되었다!"

캡틴 붉은 까마귀가 웅장하게 소리쳤다.

하늘은 맑고 바람은 바다 쪽으로 적당하게 불었다. 힘껏 노를 젓지 않아도 파도가 출렁출렁 배를 밀어 주었다. 항해하기에 최고로 좋은 날씨였다.

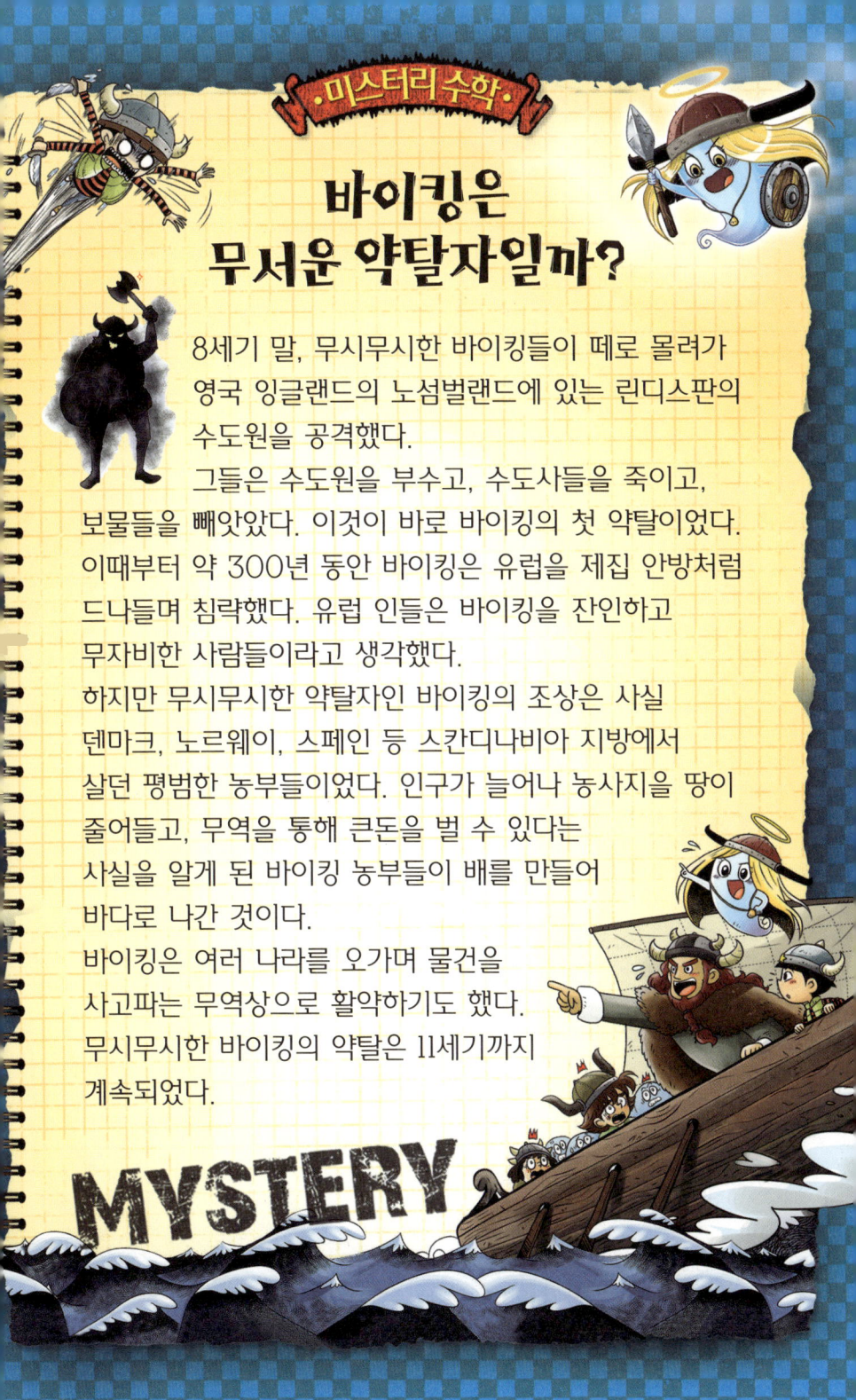

미스터리 수학

바이킹은 무서운 약탈자일까?

8세기 말, 무시무시한 바이킹들이 떼로 몰려가 영국 잉글랜드의 노섬벌랜드에 있는 린디스판의 수도원을 공격했다.

그들은 수도원을 부수고, 수도사들을 죽이고, 보물들을 빼앗았다. 이것이 바로 바이킹의 첫 약탈이었다. 이때부터 약 300년 동안 바이킹은 유럽을 제집 안방처럼 드나들며 침략했다. 유럽 인들은 바이킹을 잔인하고 무자비한 사람들이라고 생각했다.

하지만 무시무시한 약탈자인 바이킹의 조상은 사실 덴마크, 노르웨이, 스페인 등 스칸디나비아 지방에서 살던 평범한 농부들이었다. 인구가 늘어나 농사지을 땅이 줄어들고, 무역을 통해 큰돈을 벌 수 있다는 사실을 알게 된 바이킹 농부들이 배를 만들어 바다로 나간 것이다.

바이킹은 여러 나라를 오가며 물건을 사고파는 무역상으로 활약하기도 했다. 무시무시한 바이킹의 약탈은 11세기까지 계속되었다.

MYSTERY

점대칭도형 날개가 달린
도둑 풍차를 찾아라!

 배는 한가로이 바다 위를 떠다녔다. 용맹한 캡틴 붉은 까마귀는 뱃머리에 누워 있었다. 붉은 까마귀 캡틴은 어린 바이킹 용사들의 운명에 대해 깊이 고민하고 있을 것이다. 황금동은 그렇게 생각했다. 스푸크도 안쓰러운 눈길로 아빠를 쳐다보았다.
 "드르렁 푸우우우, 드르렁 푸우우우."
 범고래 물 뿜어 대는 소리만큼 요란한 코 고는 소리가 들려왔다. 바로 에릭의 콧구멍에서 나는 소리였다. 고민에 빠진 줄 알았던 에릭은 사실 곯아떨어진 거였다. 스푸크가 날아가 아빠를 깨웠다.

 "아빠, 지금 편하게 잘 때가 아니에요. 전설의 푸른 땅을 찾아야죠. 아슬아슬한 모험은 어때요? 약탈! 그게 좋겠다. 마음껏 훔치고 때려 부수자고요! 진짜 바이킹처럼요!"

 에릭은 스푸크의 말을 듣지 못했겠지만 어쨌든 일어나서 **말린 청어**를 꺼내 씹었다.

 "배 안 고프냐? 일단 이거 먹고 낚시나 좀 해 봐라. 싱싱한 대구라도 잡아 봐. 대구 한 마리는 청어 10마리 몫을 하지. 크고, 맛있고. 쩝!"

 에릭은 선원들에게 청어를 한 마리씩 던져 주며 말했다. 하랄트가 청어를 팽개치며 벌떡 일어섰다.

 "삼촌! 우린 용감한 바이킹 용사예요. 대구 따위는 늙은 어부도 낚을 수 있다고요. 바이킹 용사들은 어디든 쳐들어가서 뭐든 뺏어 와야 해요!"

 "좋지. 하지만 배가 고프면 모험도, 탐험도, 아무것도 할 수 없어. 안 그러냐?"

 물론 그랬다. 황금동은 달콤한 빵이랑 파이가 그리웠지만 당장은 말린 청어를 물어뜯어야 했다.

황금동은 고양이가 된 심정으로 청어를 쳐다보았다. 그래도 식욕이 돋지는 않았다. 스푸크는 군침을 꿀꺽꿀꺽 삼켰다.
"와! 맛있겠다. 골드, 얼른 먹어 봐. 유령이 된 뒤로 맛있는 걸 한 번도 못 먹어 봤어. 비린내가 폴폴 나는 청어, 기름이 뚝뚝 떨어지는 물개 고기, 깃털이 콕콕 박힌 갈매기 고기, 미끌미끌한 해초 샐러드……. 내가 살아 있을 땐 정말 싫어했던 텁텁하고 딱딱한 소나무 껍질 빵도 그리워."
황금동은 용기를 내어 말린 청어를 물어뜯었다.
"우엑! 비린내."

　　황금동은 청어를 멀리 내던지고 말았다. 바짝 마른 청어가 바닷속으로 퐁당 빠졌다.
　　"아까운 걸 왜 버려? 항해에서 식량이 얼마나 중요한 줄 알아?"
　　스푸크가 꽥 소리를 질렀다. 지금까지 보았던 모습 중 가장 화난 얼굴이었다. 황금동은 미안해서 쭈뼛거렸다. 하랄트도 성난 표정으로 벌떡 일어났다.
　　"미안해요, 하랄트 형님. 청어를 처음 먹어 봤는데 비린내가 너무 심해서 저도 모르게 던진 거예요. 식량을 축내진 않을 게요. 배고파도 더 달라고 안 할게요."
　　하랄트는 황금동의 변명을 듣지도 않았다. 뿔이 난 **바이킹 투구**를 눌러쓰고 황금동의 코앞에서 칼을 휘둘렀다. 황금동은 바짝 엎드린 채 두 손으로 눈을 가렸다.
　　'말린 청어 한 마리 내던졌다고 사람을 해치다니! **바이킹은 정말 잔악무도한 해적들이구나!** 악당, 나쁜 놈.'
　　황금동의 심장이 터질 것 같이 빨리 뛰었다. 즐거웠던 지난 인생이 마구잡이로 떠올랐다. 엄마, 아빠, 친구들, 첫사랑 은별이……. 문득 고양이를 키우고 싶다는 생각이 들었다. 살아 돌아가면 꼭 고양이를 키워야지. 톡톡,

고양이가 앞발로 금동이의 엉덩이를 두드리는 것 같았다. 작고 폭신하고 차가운 고양이 손.

"골드, 너 지금 자는 거야?"

스푸크가 성난 고양이처럼 앙칼진 목소리로 외쳤다. 황금동은 눈을 번쩍 떴다. 일곱 명의 젊은 바이킹 용사들이 투구와 칼, 방패로 완전 무장을 하고 소리쳤다.

"캡틴, 바이킹 용사들이 이런 말린 청어나 뜯고 있다니 말도 안 됩니다. 신선한 생선을 마음껏 먹게 해 드리겠습니다."

하랄트는 왼쪽 바다에 떠 있는 **작은 어선**을 가리켰다.

"애들아, 의욕은 좋다만……."

말린 청어를 입에 문 에릭이 반쯤 몸을 일으키며 말했다. 하랄트는 에릭의 말이 끝나기도 전에 스푸크호를 어선에 쿵 하고 갖다 댔다. 늙은 어부 둘이 벌벌 떨며 올려다보았다.

하랄트는 재빨리 어선으로 뛰어내렸다. 하랄트의 친구 두 명도 재빨리 따라갔다. 나머지 젊은 바이킹 용사들은 쭈뼛쭈뼛 투구만 긁어 댔다. 어선이 너무 작아서 일곱 명의 바이킹이 우르르 뛰어내릴 자리가 없었기 때문이었다.

"다 내놔."

하랄트가 무섭게 소리쳤다. 어부들은 벌벌 떨며 대구가

반쯤 차 있는 나무 상자를 하랄트 쪽으로 밀었다.
"칼, 노, 돛, 밧줄, 뭐든 가진 것을 다 내놔."

어부들은 부들부들 떨며 돛을 풀고, 칼을 꺼내고, 풀어 헤쳐진 밧줄을 감아 내밀었다.

'이런 게 바이킹의 약탈이구나. 약탈이 강제로 빼앗는 비열하고 폭력적인 짓이라는 건 알았지만 별 이익도 없는데 늙은 어부들의 것을 모두 빼앗을 필요는 없잖아. 최소한 노와 돛, 밧줄은 돌려줘야 한다고!'

황금동은 용기를 내어 말했다.

"하랄트 형님, 노와 돛까지 뺏으면 저 할아버지들은 어떻게 집에 가나요?"

"멍청한 녀석! 바이킹한테 그걸 질문이라고 하냐? 바이킹은 남의 사정을 봐주지 않는다. 일단 죽이고 뺏는다. 나는 천성이 고와서 특별히 목숨은 살려 줄 거야."

하랄트는 빼앗은 물건들을 상자에 담고, 밧줄로 묶어 스푸크호로 옮기려 했다. 청어 한 마리를 다 씹어 먹은 캡틴 에릭이 요란한 트림을 하며 하랄트가 던진 밧줄을 잡아 올렸다.

"캡틴, 이제 싱싱한 대구를 먹자고요!"

하랄트가 비열하게 웃었다. 에릭도 껄껄껄 웃었다. 황금동은 눈물이 날 것 같았다. **바이킹은 잔인한 해적이다.** 살던 땅이 너무 척박해서 다른 땅에 사는 사람들을 공격하고 먹을 것을 빼앗고, 나라까지 통째로 빼앗기도 했다. 먹고살기 위해서였다. 빼앗지 않으면

빼앗기기 때문이었는지도 모른다. 하지만 지금 이 상황은 꼭 필요하지도 않으면서 약자를 괴롭히는 것이다. 황금동은 정의의 사도처럼 용감하게 나서고 싶었지만 좀처럼 용기가 나지 않았다.

나쁜 바이킹 해적 두목 에릭은 한 손으로 생선 상자가 매달린 밧줄을 잡았다. 약탈이 즐거운지 껄껄 웃더니, 갑자기 칼로 밧줄을 잘라 버렸다. 늙은 어부들의 모든 것이 든 상자는, 어부의 배 위로 안전하게 떨어졌다. 하랄트가 놀라서 에릭을 쳐다보았다.

"하랄트, 바이킹은 시시한 짓을 하지 않는다. 올라와. 우린 **도둑 성**을 털 거야."

젊은 바이킹 용사들은 얼굴이 시뻘게져서 바이킹 배로 돌아왔다. 황금동은 속으로 기쁨의 탄성을 지르며 몰래 어부들에게 손을 흔들었다. 어부들은 꽁지가 빠지게 달아나느라 황금동의 인사를 보지도 못했다.

"울 아빠 멋있지?"

　스푸크는 약한 어부들을 구해 준 아빠 에릭의 주위를 날며 뽀뽀를 날려 댔다. 에릭은 연거푸 재채기를 해 댔다.
　"도둑 섬에 사는 도둑들은 덴마크, 노르웨이, 우리 아이슬란드에 이르기까지 도둑질을 하는 못된 놈들이다. 추수 때만 되면 우리 마을의 감자를 몽땅 훔쳐 가는 것도 이놈들이지. 진짜로 용감한 바이킹은 이런 놈들 것을 빼앗는다. 굶어 죽을 지경이 아니라면 약한 자를 건드리진 않아."
　황금동은 캡틴 붉은 까마귀의 말에 감동할 뻔했다. 하지만 약하디약한 황금동을 약탈한 사람은 다름 아닌 캡틴 에릭! 황금동은 뻔뻔한 에릭의 얼굴을 한참 동안 노려보았다. 에릭이 흠흠 헛기침을 하며 소리쳤다.
　"저 아름다운 수평선을 보아라. 이제 나타나는 섬 꼭대기에 있는 풍차의 날개가 점대칭도형이면, 거기가 바로 도둑 섬이다."
　선원들은 뚫어져라 수평선을 쳐다보았다. 드디어 섬이 나타났다. 섬 꼭대기에는 요상한 날개를 가진 커다란 풍차가 서 있었다.
　"저기다! 도둑 섬이다!"
　하랄트가 소리쳤다. 바이킹 용사들이 영차 영차 소리를

질렀다. 하지만 스푸크는 고개를 저었다.

"저건 대칭 도형이 아니야. 대칭 도형은 한 점이나 직선, 또는 면을 중심으로 양편이 같은 모양을 이루고 있는, 즉 대칭 관계에 있는 도형을 말해. 하지만 저건 아무것도 아니라고."

"맞아. 저건 도둑 섬이 아니에요. 저 풍차 날개는 대칭 도형이 아니거든요."

황금동이 외치자, 하랄트가 무섭게 노려보았다. 에릭은 고개를 끄덕이며 수평선 쪽으로 배를 몰았다. 또다시 풍차가 있는 섬이 나타났다.

"저 풍차 날개는 선대칭도형이에요."

황금동은 눈으로 풍차 날개를 접어 보았다. 선대칭도형은 한 직선(대칭축)을

따라 접으면 완전히 겹쳐지는 도형이기 때문이다.

또 다른 섬이 나타났다. 스푸크와 황금동은 서로 먼저 알아맞히려는 듯, 풍차 날개를 뚫어져라 쳐다보았다. 마침내 둘은 동시에 외쳤다.

"도둑 섬이다! 점대칭도형으로 만들어진 풍차 날개야."

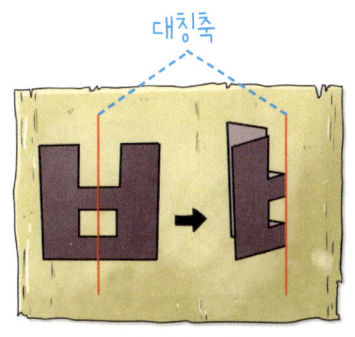

선대칭도형

"맞다. 점대칭도형은 어떤 점을 중심으로 180° 돌렸을 때 처음 도형과 완전히 겹쳐지는 도형이야. 바로 저 풍차의 날개처럼 말이다."

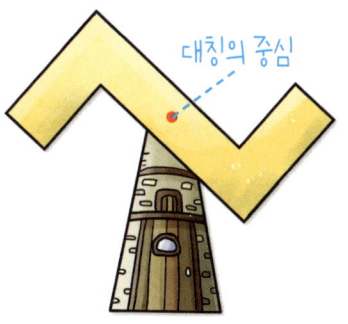

점대칭도형

에릭이 친절하게 설명했지만 황금동을 뺀 나머지 바이킹 선원들은 멍청하게 눈만 껌벅였다. 에릭은 분명 바이킹 말로 설명했지만 수학의 시옷(ㅅ) 자도 모르는 바이킹 선원들에게 그건 어렵기 짝이 없었다.

바이킹 용사들의
공평한 나눗셈

  배가 도둑 섬의 바닷가에 다다르자 일곱 명의 바이킹 용사들이 먼저 뛰어내렸다. 황금동은 에릭에게 받은 투구를 벗어 살펴보았다. 앞부분에 별 그림이 그려진 작고 귀여운 **바이킹 투구**였다. 황금동이 투구를 다시 쓰려는 찰나, 스푸크가 날아오는 바람에 투구가 바닥으로 데굴데굴 떨어졌다. 에릭은 재빨리 몸을 날려 투구를 주워 탈탈 털더니 다시 내밀었다.
  "소중하게 다뤄라."
  "아빠, 이건 제 거에요. 제 거라고요."
  스푸크가 황금동을 노려보았다. 황금동은 머뭇거리며

투구를 받아 들고 스푸크에게 물었다.

"쓰지 말까?"

스푸크는 작은 주먹을 부들부들 떨며 말했다.

"써! 내 바이킹 투구를 절대로 다치게 하지 마. 네 목숨을 걸고 지켜."

"그, 그냥 안 쓸게. 이런 투구보다는 내 목숨이 더 소중하거든."

황금동은 투구를 가만히 내려놓았다. 스푸크가 차가운 입김을 슝 토해 내며 소리쳤다.

"쓰라고! 안 다치면 되잖아!"

황금동은 재빨리 투구를 쓰고 배에서 뛰어내렸다. 도둑들을 만나기도 전에 목숨이 위험할 뻔했다.

에릭과 젊은 바이킹들은 벌써 가파른 절벽을 기어 올라가고 있었다. 황금동도 얼른 에릭의 뒤를 따라 절벽을 올랐다.

"내가 말이야, 혼자서 99명을 상대한 얘기 해 줬나?

아일랜드 멍청이들을 공격하러 갔을 때였어. 녀석들에게 머리통만 한 돌덩이를 9개 날렸지. 돌덩이 1개에 몇 명의 녀석들이 쓰러졌을 것 같냐?"

용맹한 젊은 바이킹들은 아무도 대답하지 않았다.
하는 수 없이 황금동이 말했다.

"99÷9=11(명). 11명이요. 근데 그게 가능해요?"

"음하하하! 당연히 가능하지 않지. 마법의 돌멩이는 아니었거든. 하지만 불타는 돌멩이라면 가능하지. 먼저 맨주먹으로 열한 놈을 처치한 다음, 우왕좌왕하는 다른 놈들에게 불타는 돌덩이를 날려 줬어. 불붙은 돌멩이는 오딘이 만들어 줬어. 뚱보 오딘 녀석이 **불타는 돌덩이**를 기가 막히게 만들거든. 돌덩이 하나당 8명이 쓰러져서 모두 해치웠어. 오딘이 돌덩이를 몇 개 만들어 줬냐면……."

"11개요. 모두 99명이었고, 처음에 맨주먹으로 11명을 쓰러뜨렸으니까, 남은 적은 99-11=88(명). 돌덩이 하나당 8명이 쓰러졌으니까, 88÷8=11(개). 불타는 돌덩이는 11개였겠죠."

이번에도 황금동이 대답했다. 에릭은 절벽을 기어오르다 말고 덜덜 떨면서도 침착하게 올라오는 작은 투구를 내려다보았다.

"노예 녀석이 제법이네."

절벽 위에 도둑 성의 뒷문이 있었다. 성 안은 지나치게 조용했다. 예감이 좋지 않았다. 에릭은 성문에 귀를 바짝 대고 안의 상황을 살폈다. 도둑들이 바이킹의 침입을 눈치채고 숨어 있을 수도 있으니 말이다. 황금동은 땅바닥에 바짝 엎드려 있는 스푸크에게 속삭였다.

"스푸크, 네가 염탐해 봐."

"싫어! 무서워!"

"**너는 용감한 바이킹 용사잖아.** 그리고 너는 도둑들 눈에 안 보여, 유령이니까."

"맞다, 그렇지!"

스푸크는 벌떡 일어나 성 안으로 날아갔다가 금세 돌아왔다.

"성 안에 남자 어른들은 없어. 아줌마 몇 명이랑 애들밖에. 남자들은 스코틀랜드로 도둑질하러 갔대. 아깝다. 멋지게 해치울 수 있었는데!"

황금동은 스푸크의 철딱서니 없는 말을 뒤로 하고 얼른 캡틴에게 다가갔다.

"캡틴! 남자들은 도둑질하러 떠나고 여자와 아이들만 남았대요. 지금 공격해요."

"좋다! 공격이다!"

하랄트가 에릭의 지시를 반대했다.

"비실한 노예 녀석의 말을 어떻게 믿어요? 도둑들이 숨어 있다가 갑자기 우리를 공격하면 어쩌려고요. 우리는 숫자도 몇 안 되잖아요."

"맞다. 그래 좀 더 지켜볼까?"

이렇게 귀가 얇은 대장이라니! 황금동은 답답해서 가슴을 쳤다. 머뭇거리다 도둑들이 돌아오면 진짜 큰 싸움이 일어날 거다. 그럼 누군가, 어쩌면 자신이 다치거나 죽어서 유령이 될지도 모른다. 얼른 이곳에서 도망쳐야 했다.

"안에 순록 고기가 많다고 해. 울 아빠는 순록 고기를 엄청 좋아하거든."

스푸크가 꾀를 냈다. 황금동이 에릭에게 속삭였다.

"캡틴, 사실 제가 귀가 엄청 밝거든요. 저 안에서 말하는 소리가 다 들려요. 잠깐만요, 웬 아주머니가 지금 성 안에 힘센 남자가 한 명도 없다고 하네요. 순록 고기를 구워 먹어야 하는데, 장작을 팰 사람이 없다고요. 안에 맛있는 순록 고기가 엄청 많대요. 못 먹어서 다 썩을 지경이래요."

에릭이 꿀꺽 군침을 삼켰다.

"그렇다면 공격이다! 모두 출발!"

　이번에는 에릭의 귀가 얇아서 다행이었다. 황금동은 순록 고기를 향해 돌진하는 에릭의 뒤를 따랐다. 하랄트와 친구들은 한참을 머뭇거리다 들어왔다.
　"하랄트 오빠는 잘난 척만 엄청 하고, 겁쟁이야!"
　스푸크가 혀를 쏙 내밀며 놀렸다. 다행히도 하랄트는 그 말을 듣지 못했다.

 성 안은 풍요로움 그 자체였다. 곳간마다 감자와 말린 대구, 말린 청어, 말린 순록 고기가 쌓여 있었고, 바다사자 가죽, 땔감, 무쇠솥 등 없는 게 없었다. 도둑 섬에 있던 여자와 아이들은 <u>무시무시한 바이킹 용사</u>들을 보자마자 허겁지겁 도망쳤다.

 "노예는 필요 없으니 사람을 건드리진 마라. 물건은 배에 실을 수 있을 만큼만 챙겨라."

 에릭은 커다란 솥에 고기와 땔감, 값비싼 가죽을 쑤셔 넣으며 소리쳤다. 하랄트와 친구들도 이 집 저 집 다니며 가져온 자루에 물건들을 챙겼다. 황금동은 스푸크를 따라 도둑 두목의 집으로 가서 최고로 좋은 순록 가죽과 은 식기, 은수저를 챙겼다.

 "오! 난 이제 부자야, 부자! 흐흐흐."

 황금동은 너무 좋아서 가져온 물건이 무거운 줄도 모르고 절벽을 내려왔다. 다들 한 자루씩 챙겨 왔지만, 비싼 은 제품을 가져온 사람은 황금동뿐이었다.

 "바이킹 용사들아, 수고했다. 가져온 것들을 모두 내놔라. 바이킹은 물건을 똑같이 나눈다."

 "안 돼요! 그건 불공평해요!"

 황금동은 자기 자루를 꼭 껴안았다. 에릭은 황금동의

자루를 강제로 빼앗아 탈탈 털었다. 번쩍이는 은 식기가 나오자 모두 깜짝 놀랐다.

"공평하게, 똑같이 나누려면 무게를 재어 나눠야 해."

에릭은 **훔친 물건의 무게**를 쟀다. 모두 378kg이었다.

"우리가 9명이니까 378÷9=42(kg), 한 사람당 42kg씩 갖는다."

"그건 불공평해요. 개수대로 나눠야죠."

하랄트가 소리치며 앞으로 나왔다. 훔친 물건은 모두 58개였다.

"58÷9=6.4444……(개). 한 사람당 6개씩 갖고 나머지 4개는 싸워서 이긴 사람이 갖기로 하죠. 공평하게요."

　하랄트가 칼을 뽑아 들었다. 황금동은 고개를 절레절레 흔들었다.

　"공평하게 똑같이 나누려면 가치를 생각해야 해요. 무게나 개수로 물건을 똑같이 나누는 건 공평하지 않아요. 감자 한 자루와 물개 가죽 2장은 무게는 같지만 물개 가죽이 훨씬 값진 물건이니까요. 청어 한 마리와 순록 한 마리는 개수로 따지면 똑같은 하나, 하나지만 무게도 가치도 달라요. 공평하지 않지요.

　한 마디 더 하자면 진짜 공평하려면 **비싼 물건**을 훔쳐 온 사람에게 더 많이 줘야 한다고 생각해요."

　에릭은 고개를 끄덕였다.

　"옳은 말이다. 마지막 말만 빼고 네 말에 따르도록 하마. **가치에 따라 공평하게 나눠라.** 먼저 식량을 똑같이 나눠 갖고, 다음엔 가죽을 똑같이 나눠 갖고, 다음은 은을 똑같이 나눠라. 솥과 땔감은 모두 함께 사용하기로 한다."

　황금동은 은 밥그릇 하나, 바다사자 가죽 하나, 청어와 대구 몇 마리, 소금에 절인 순록 뒷다리 하나, 닭인지 갈매기인지 모를 비쩍 마른 새고기 한 마리, 감자 반 자루를 가졌다. 순록 가죽도 한 마리 받았지만 반 마리는 에릭의 소유라는 걸 분명히 했다. 가죽을 자르면 가치가 떨어지기

때문에 일단 황금동이 갖고 있기로 한 것이다.

"억울해! 내가 제일 비싼 걸 가져왔는데 왜 똑같이 나누냐고!"

황금동은 퉁퉁 부어서 소리쳤다. 이상하게도 처음 바이킹이 되었을 때보다 훨씬 부자가 되었는데, 훨씬 불만이 많아졌다.

"내 건 없는 거야? 내가 염탐도 해 줬는데, 나는 왜 하나도 안 줘?"

스푸크가 입을 비쭉거렸다. 뭐가 불만인지 몰라도 하랄트도 입을 비쭉거렸다. 에릭만 기분이 좋아 요상한 노래를 읊어 대며 땔감에 불을 붙였다.

"위대한 붉은 까마귀, 오늘도 도둑 갈매기를 털었네. 신나게 먹고 마시고 취해 보자고. 거친 운명의 바다도

잡아먹을 테다. 나는 바이킹, 캡틴 붉은 까마귀. 으아아."

황금동은 그만 귀를 막았다. 스푸크는 두 손을 턱에 괴고 앉아 흐뭇한 미소를 지었다.

곧 바이킹의 저녁 식사가 시작되었다. 훔쳐 온 땔감에 불을 피우고, 훔쳐 온 솥에 물을 붓고, 훔쳐 온 순록 고기를 넣어 끓인 스프의 맛은, 별로였다. 하지만 황금동은 많이, 아주 많이 먹으려고 애썼다. 은 식기에서 손해 본 느낌을 고기로 채우고 싶었다.

그날 밤, 바이킹 용사들은 배 대신 절벽 아래에 침낭을 펴고 잤다. 너무 많이 먹은 탓에 배탈이 난 황금동은 밤새 똥을 싸러 다녔다. 스푸크가 황금동을 놀려 댔다.

"골드, 왜 계속 똥만 싸는 거니? 그만 좀 싸라!"

스푸크의 말을 들은 황금동은 갑자기 **황금똥**이라고 놀리는 친구들의 목소리가 귀에 들리는 것만 같았다.

황금동은 엉덩이에 힘을 꾹 주며 하늘을 쳐다보았다. 별똥별이 슝 떨어졌다.

"별똥별님, 난 바이킹이 싫……. 으어어…… 또 떨어져 버렸다."

황금동은 소원을 포기하고 침낭으로 기어 들어갔다. 금세 잠이 들어서 속상한 것도 잊었다.

미스터리 수학

무시무시한 바이킹 투구의 비밀

바이킹 하면 양쪽에 수소의 뿔이 달린 무시무시한 투구가 떠오른다. 하지만 지금까지 발견된 바이킹 유물들 중 수소의 뿔이 달린 투구는 아주 드물다. 실제로 바이킹 용사들은 뿔이 달린 투구를 쓰지 않았기 때문이다.

바이킹 용사들은 가죽으로 만들고 금속으로 테를 두른 투구를 썼다. 신분이 높은 바이킹은 위쪽이 뾰족하고 코를 보호하는 금속 보호 띠가 달린 철로 만든 투구를 썼다. 그렇다면 뿔 달린 투구는 어떻게 나온 것일까?

바이킹에게 침략당한 사람들이 바이킹을 '야만적인 해적'으로 보이게 하려고 뿔 달린 투구 이야기를 많이 했다고 전해진다. 그리고 고고학자들은 전사들이 해적 활동을 할 때는 뿔 달린 투구를 쓰지 않았지만, 제사와 같은 의식을 치를 때는 사용했을 수 있다고 말한다.

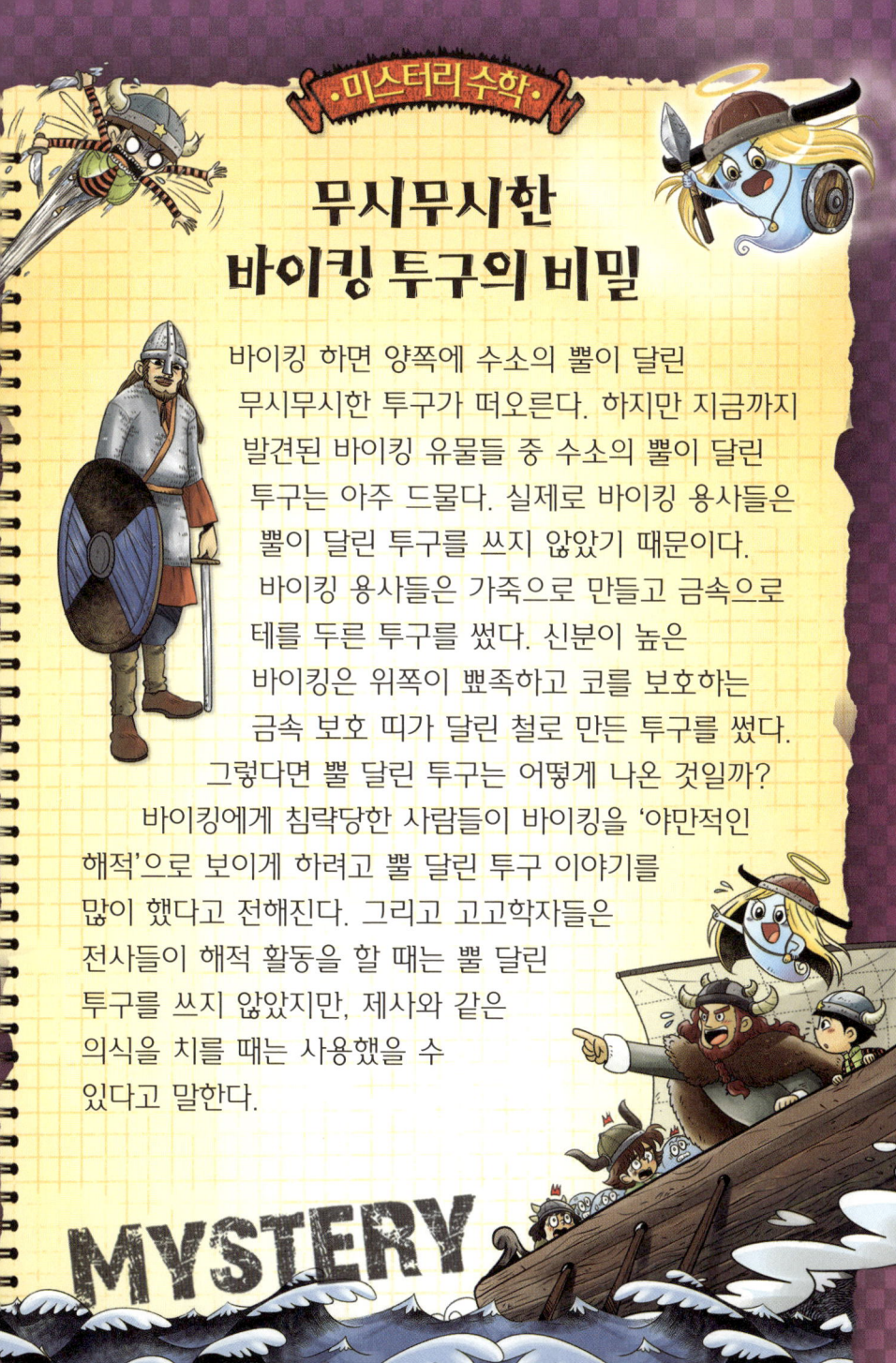

MYSTERY

떠나자,
전설의 푸른 땅으로!

 바이킹 용사들은 아침을 먹고 기운차게 스푸크호에 올라탔다. 도둑 섬에서 훔친 귀한 물건들을 배에 가득 실으니 마음까지 빵빵해졌다.
 "배도 빵빵하고, 배도 빵빵하니, 고향으로 출발!"
 에릭이 하품을 하며 소리쳤다. 배에 탄 여덟 명의 바이킹들은 일제히 에릭을 쳐다보았다.
 "앗, 우린 고향에 못 가지. 깜빡했네. 그럼 어딜 가나? 갈 데가 없네. 갈 수가 없어."
 에릭의 투정에 황금동은 고개를 절레절레 흔들었다.
 "집에 갈 수가 없는 사람은 바로 나예요. 바이킹은 전설의

푸른 땅인지 붉은 땅인지 거기 가면 된다면서요?"

"전설의 푸른 땅?"

에릭과 하랄트가 동시에 소리쳤다. 에릭의 눈이 반짝반짝 빛났다.

"좋다! 우리가 푸른 땅의 주인이 되자! 풍요롭고 좋은 땅이라기에 후손에게 남겨 줄까 했는데, 그냥 우리가 접수하지 뭐. 하하하하!"

"하지만 삼촌, 그건 그냥 전설일 뿐이에요. 진짜 있는지 없는지도 모르는 땅을 무작정 찾아가면 어떡해요?"

하랄트는 고개를 절레절레 흔들었다. 하지만 긍정대마왕 캡틴 붉은 까마귀의 마음을 돌릴 수는 없었다.

"전설이 맞는지 한번 찾아보지 뭐. 달리 할 일도 없잖냐?"

껄껄 웃는 긍정대마왕을 보고 있자니 황금동은 자신의 아빠가 보고 싶어 견딜 수 없었다. 그래, 전설의 푸른 땅인지 황금 땅인지를 얼른 찾아 주고 집에 가자.

"스푸크, 네 아빠를 무사히 전설의 땅으로 데려다주면 난 집에 돌아갈 수 있는 거지?"

황금동의 질문에 스푸크는 눈을 동그랗게 뜨며 말했다.

"내가 어떻게 알아? 난 네가 용감한 바이킹이 되고 싶다기에 데려온 것뿐인데……."

"뭐? 날 집에 안 데려다준다고? 아빠를 구해 달라 어쩌고 하며……, 이 야만스러운 과거로 끌고 올 때는 언제고……! 으허헝."

황금동은 울음을 터트리고 말았다. 스푸크가 놀라서 황금동을 달랬다.

"미안, 장난이었어. 근데 사실이기도 해. 네가 용감한 바이킹이 되면 돌아갈 길이 있을 거야. 그게 언제인지는 나도 몰라. 하지만 걱정하지 마. 정 안 되면, 우리 엄마 파이알 유령한테 부탁해 줄게. 우리 엄마는 유령계에서 제일 **똑똑한 유령 탐정**이니까, 무슨 수라도 낼 거야."

황금동은 겨우 눈물을 그치고 고개를 끄덕였다. 그 순간 에릭이 뱃머리를 두드리며 외쳤다.

"크라켄의 수다를 헤치면 얼음 속 푸른 보물, 전설의 푸른 땅이 나온다. 크라켄이 사는 무시무시한 폭풍의 눈을 향해 출발!"

하랄트와 친구들은 벌써부터 겁에 질렸다.

폭풍을 피해 다녀야 할 바다에서 일부러 찾아다녀야 하다니! 그것도 전설의 괴물 유령이 산다는 폭풍우를!

"캡틴, 크라켄의 수다를 헤친다는 말이 무슨 뜻이에요?"

하랄트가 조용히 손을 들고 물었다. 에릭이 어깨를 으쓱했다.

"나도 모르지. 크라켄이 전설 속 괴물 유령이란 건 아니까, 일단 아는 것부터 찾아보지 뭐. 잘될 거야."

에릭은 하늘을 가리켰다. 푸른 하늘에 하얀 뭉게구름이 몽실몽실 떠다녔다.

"구름이 북쪽으로 흐르고 있어. 이 계절엔 북쪽에 폭풍우가 잘 생기지. 하랄트, 배를 북쪽으로 돌려라. 돛을 팽팽하게 펴서 바람을 잘 받게 하고 모두 쉬도록!"

황금동은 스푸크와 함께 배의 구석에 앉았다. 바람 따라 흘러가는 구름처럼 황금동의 운명도 아무렇게나 흘러가고 있었다. 햇빛은 찬란하고 뱃사람들은 무료했다. 지루함을 참지 못한 하랄트가 벌떡 일어나 황금동에게 다가왔다.

"야, 노예. 네가 그렇게 똑똑하다며? 나랑 게임 한 판 해. 지는 사람은 바다에 빠지는 거야."

괜한 시비에는 대꾸를 하지 않는 게 정답이다. 황금동은 눈을 감았다.

"노예, 너 나 무시하냐? 당장 바다에 빠질래, 나랑 게임해서 지고 빠질래?"

"이기면 확실히 안 빠뜨릴 거죠? 약속했어요!"

황금동은 배에 탄 사람 모두가 들으라는 듯 큰 소리로 물었다. 하랄트가 얼굴을 일그러뜨리며 고개를 끄덕였다.

"암, 바이킹은 무슨 일이 있어도 약속을 지키지."

에릭이 대신 대답했다.

황금동은 바이킹의 게임판을 앞에 두고 앉았다. 네모난 모양의 게임판에는 작은 못이 촘촘히 박혀 있었고, 동그랗게 이어진 줄이 하나 있었다. 하랄트는 게임 규칙도 설명하지 않고 못에 줄을 걸어 사각형 모양을 만들었다.

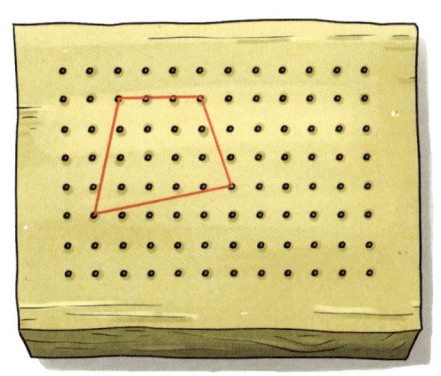

"사다리꼴!"

하랄트가 외쳤다. 황금동은 멍하니 나무판을 쳐다보다가 말했다.

"이건 사다리꼴이 아니에요. 사다리꼴은 마주 보는 한 쌍의 변이 서로 평행한 사각형이잖아요. 평행은, 한 평면

위의 두 직선이 아무리 길어도 서로 만나지 않는 것이고요. 기찻길의 선로처럼요."

바이킹 시대에는 아직 기차가 없었기 때문에 하랄트는 황금동의 말을 알아들은 것 같지는 않았다.

스푸크가 날아와 황금동의 귀에 속삭였다.

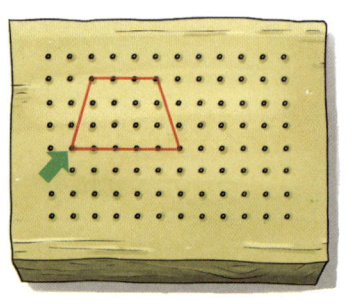

"네 말이 맞아. 이건 꼭짓점을 딱 한 번만 옮겨서 저 사각형을 사다리꼴로 만드는 게임이야."

황금동은 얼른 줄을 움직여 사다리꼴로 만들었다.

"됐죠? 이제 내 차례죠?"

황금동이 줄을 집으려는 순간 하랄트가 빼앗았다.

"아까 건 연습이었어. 지금이 진짜야. 평행사변형."

"불공평하지만 한 번은 봐줄게요."

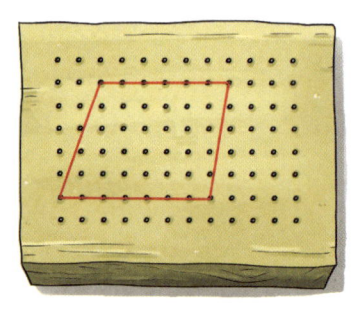

황금동은 하랄트가 만든 사각형을 노려보며 말했다.

'평행사변형은 마주 보는 두 쌍의 변이 서로 평행한 사각형이지.'

황금동은 줄을 건 꼭짓점을
옮겨서 평행사변형을 만들었다.

"하하하, 틀렸어!"

하랄트는 황금동을 냅다
바다로 던졌다. 황금동은
팔다리를 휘저으며 2년이나

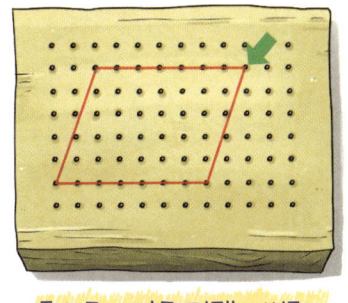

황금동이 만든 평행사변형

배운 수영을 하려 했지만 자유형, 배영, 접영 중 어떤
것을 해야 할지 몰라 허우적거리기만 했다. 에릭이 잽싸게
바다로 뛰어들어 황금동을 구했다.

"하랄트! 도대체 왜 이런 거냐?"

에릭이 물었다. 하랄트가 얄밉게 낄낄거렸다.

"진 사람이 바다에 빠지기로 했잖아요. 바이킹은 반드시
약속을 지킨다고요."

"캑캑, 난 지지 않았어요.
평행사변형을 완성했다고요."

황금동은 바닷물을 뱉어 내며
소리쳤다.

"아니야. 네가 졌어. 정답은
이렇게 만드는 거야."

하랄트가 꼭짓점을 옮겼다.

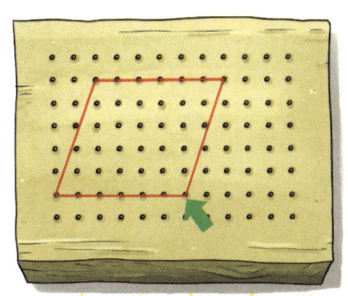

하랄트가 만든 평행사변형

하랄트가 당황스러운 눈빛으로 에릭을 쳐다보았다.
에릭이 대답 대신 손가락으로 바다를 가리켰다. 하랄트가
빠질 차례라는 뜻이었다. 하랄트는 잔뜩 굳은 얼굴로
뱃전(배의 양쪽 가장자리 부분)에 섰다. 얼굴이 너무 빨개져서
금방이라도 폭발할 것 같았다.

"어서 바다에 들어가 얼굴을 식히라고!"

스푸크가 깔깔거리며 하랄트의 엉덩이를 밀었다. 순간 찬바람이 슝 불더니, 하랄트가 물속에 빠져 버렸다. 참으로 볼품없는 다이빙이었다.

식인 상어로부터
살아남을 가능성은?

"북쪽으로 가자! 북쪽 바다에서 폭풍우를 만나 영차 영차, 크라켄 유령의 수다를 헤치고 가면 영차 영차, 얼음 속 푸른 보물을 만날 것이다, 영차 영차. 전설의 푸른……."

캡틴 에릭의 힘찬 노랫소리가 점점 줄어들었다. 또 꾸벅꾸벅 조는 게 틀림없었다.

'역시 캡틴은 용감한 바이킹 용사야. 걱정이라곤 하나도 없으니!'

황금동은 한숨을 푹 쉬었다. 태양은 이글이글 타올랐다. 황금동을 노려보는 하랄트의 눈빛은 부글부글 끓어올랐다. 그 뜨거운 눈빛이 부담스러워서 황금동은 차라리 바다에

풍덩 빠지고 싶은 마음이었다.

하랄트는 황금동과 에릭을 번갈아 노려보면서 친구들에게 수군거렸다.

"왼쪽 귀가 가려우면 누가 내 흉보는 거 맞지? 하랄트가 계속 내 험담을 하나 봐."

황금동은 손가락으로 왼쪽 귀를 쑤시며 투덜거렸다.

"내가 좀 들어 볼게. 흉보는 얘기 듣는 거 너무 싫어하는데, 특별히 무슨 얘길 하는지 들어 봐 줄게."

싫다고 하면서 스푸크는 빙글거리며 **하랄트 무리**로 날아가 귀를 쫑긋 세웠다. 그런데 파리한 스푸크의 얼굴빛이 점점 더 파랗게 질렸다. 눈도 커지고 입도 벌어졌다. 스푸크는 비틀비틀 날아와 황금동의 어깨에 기댔다.

"하랄트가 뭐래? 혹시 바이킹 세계에서 제일 끔찍한 욕 같은 걸 했어? 아, 차라리 안 들을래. 싫어, 싫어!"

황금동은 고개를 세차게 흔들었다. 스푸크가 떨리는 목소리로 말했다.

"고, 골드. 하랄트는 배신자야. 우리 아빠를 노리고 있어. 아빠를 죽이고 이 배를 뺏겠대. 어서 아빠한테 이 말을 전해 줘!"

"뭐?"

황금동이 놀라서 입을 떡 벌린 순간, 하랄트가 달려들었다. 하랄트는 황금동의 입을 막으며 잽싸게 끌고 갔다.

"골드 브론즈, 이리 좀 와 봐. 보여 줄 게 있어. 응?"

말로는 장난하는 척하며 황금동의 두 손을 등 뒤로 묶었다. **황금동의 입을 낡은 헝겊으로 감아 버렸다.** 하지만 수평선을 보고 앉아 졸고 있던 에릭은 아무 눈치도 채지 못했다.

'하랄트는 배신자예요! 조심해요, 에릭!'

황금동이 외쳤지만, 입이 막혀서 그저 웅얼거리는 소리만 났다.

"노예 녀석! 넌, 상어 밥이 되어 줘야겠다!"

하랄트가 황금동의 귓가에 속삭였다. 황금동은 온몸에 소름이 돋은 채 바다로 던져졌다. 하랄트가 칼로 팔뚝 살을 슥 긋는 바람에 피까지 뚝뚝 흘리면서 말이다.

"골드 브론즈, 수영하려고? 너무 오래 있지는 마. 바다는 위험하니까."

하랄트는 혹시라도 에릭에게 들킬까 봐 명랑한 목소리로 소리친 다음 제 친구들에게 나직이 말했다.

"잘 가라, 상어 밥. 네 피 냄새를 맡고 금세 상어가 몰려올 거다."

하랄트의 친구들이 악마처럼 낄낄거렸다. 프레드만 빼고 말이다. 프레드는 불안한 표정으로 에릭의 눈치를 보았다.

사실 하랄트는 처음부터 에릭의 배를 뺏자며 친구들을 불러 모았다. 프레드도 이 훌륭한 배가 탐나서 끼었다. 그래도 사람을 해칠 줄은 몰랐다.

'이제 와서 반대를 하면 나도 바다에 던져 버리겠지?'

프레드는 겁이 나서 아무것도 할 수 없었다. 악마로 변한 친구들에게서 눈길을 돌릴 수밖에. 바로 그때 골드 브론즈의 안전 밧줄이 프레드의 눈에 띄었다.

'이게 내 **안전 밧줄**이야. 배에서 절대 안 떨어질 거야.'

골드 브론즈의 천진난만한 목소리가 들리는 것 같았다. 프레드는 슬쩍 손을 뻗어 안전 밧줄을 배 밑으로 늘어뜨렸다. 골드 브론즈가 안전 밧줄을 보고 붙잡을 수 있을지 모르지만 뭐라도 해야 죄책감이 좀 덜어질 것 같았다. 다행히 스푸크가 그 모습을 보았다.

101

 "골드, 프레드가 안전 밧줄을 내려 줬어. 그걸 잡고 올라와서 아빠한테 소리쳐. 하랄트를 조심하라고!"
 황금동은 **안전 밧줄**을 잡았다. 하지만 손목은 묶여 있고 입은 헝겊으로 막혀 있어서 소리칠 수가 없었다.
 에릭은 여전히 평화롭게, 꾸벅꾸벅 졸고 있었다. 하랄트와 다섯 명의 친구들이 살금살금 에릭에게 다가갔다. 단숨에 에릭을 눕히고 손목과 발목을 묶었다.
 "하랄트, 무슨 짓이냐? 왜 이러는 거야?"
 졸음에서 깨어난 에릭이 깜짝 놀라 소리쳤다.

"삼촌, 이 배는 이제 제 거예요. 우린 아일랜드로 갈 거예요. 있지도 않은 전설의 땅을 찾겠다며 폭풍우를 쫓아다니다가는 우리 모두 죽고 말 거예요."

하랄트는 에릭에게 칼까지 겨누었다. 비로소 무슨 일을 당했는지 알게 된 에릭은 온 힘을 다해 버둥거렸다.

"삼촌을, 아니 에릭을 바다에 던져!"

하랄트의 젊은 바이킹 용사들은 에릭의 팔다리와 머리에 달라붙었다.

"하랄트, 후회할 짓은 하지 마라. 바이킹은 절대로 동료를 배신하지 않는다!"

에릭은 호통과 함께 바다에 던져졌다.

"안 돼! 아빠!"

스푸크도 아빠를 따라 물속으로 들어갔다. 두 손, 두 발이 묶인 에릭은 바닷속으로 깊이깊이 빠졌다. 바다 위는 금세 조용해졌다. 아무 일도 없었다는 듯이.

프레드가 벌벌 떨며 중얼거렸다.

"도, 도대체 우리가 무슨 일을 저지른 거야?"

어린 바이킹 용사들은 비로소 정신이 들었다. 두려움과 함께 후회가 폭풍처럼 몰려왔다.

"에릭은 결국 올라올 거야. 고래만큼 헤엄을 잘 치니까."

"올라와서 우리를 바다로 던지면 어떡해!"

아이들은 울상이 되었다. 하랄트가 노를 빼어 들고 와 소리쳤다.

"올라와도 소용없어! 살려 두지 않을 테니!"

다른 아이들도 따라서 노를 들고 와 에릭이 빠진 바다를 쳐다보았다. 에릭이 올라오면 노로 머리를 내리칠 작정이었지만, 마음속은 복잡했다. 에릭이 올라올까 봐 바다에 빠져서 영영 못 올라올까 봐, 둘 다 걱정이었다.

한참을 기다렸지만 에릭의 모습은 보이지 않았다. 차가운 바다는 붉은 까마귀 바이킹 용사를 영영 삼켜 버린 것이다.

"오! 세상에. 이제 어쩌면 좋지?"

아이들은 털썩 주저앉았다. 그제야 자신들이 무슨 짓을 했는지 알 것 같았다. 어디인지도 모를 망망대해에, 사람을 둘이나 죽인, 겨우 열네댓 살 먹은 아이들 일곱 명이 남아 있게 된 것이다.

"괜찮아. 잘될 거야. 우린 용감한 바이킹 용사들이야. 남쪽으로 가면 아일랜드가 나올걸? 해가 저쪽에 있으니까 반대쪽으로 가면 돼. 다들 노를 저어. 어서!"

하랄트가 앙칼지게 소리쳤지만 겁에 질린 아이들은 손가락 하나도 까딱할 수 없었다.

황금동은 바닷속에서 안전 밧줄을 잡고 버텼다. 머릿속에는 상어 생각뿐이었다.
'식인 상어가 나타나면 어쩌지? 당연히 나타나겠지. 더 깊이 빠지지 않으려면 발을 움직여야 하는데, 그럼 식인 상어가 내 발장구 소리를 들을 거야. 으, 상어 귀가 얼마나 밝더라? 1km 이상 떨어진 곳에서 움직이는 물고기

소리도 들을 수 있다고 했던가? 1km는 1000m, 1000m는 100000cm. 어마어마하게 먼 곳에서도 내가 움직이는 소리를 듣는 거야. 으악, 난 죽었다!'

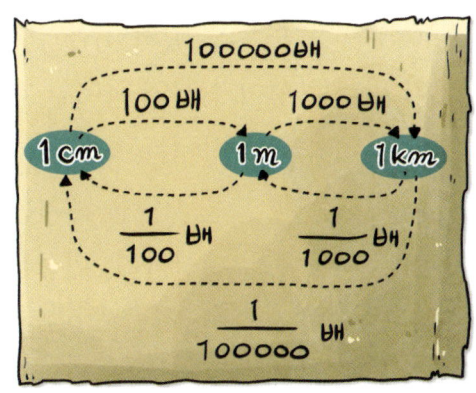

 황금동은 눈을 감았다. 상어의 쭉 찢어진 눈과 무시무시한 이빨을 보면서 당하는 게 나을까, 뒤에서 급습을 당하는 게 나을까……? 아무리 생각해도 알 수가 없었다. 하지만 이런 생각을 하는 게 정말 멍청한 짓이라는 것을 알았다.

 '상어 밥이 안 될 가능성을 따져 보자. **가능성**은 어떤 상황에서 있을 수 있는 일, 일어날 수 있는 일의 정도를 뜻하는 거야. 이 바다에 식인 상어가 있는 건 확실하니까 식인 상어가 나타날 가능성은 절대로 0이 아니야.'

 황금동은 힘이 쭉 빠졌다. 하지만 아직 포기할 수는 없었다.

 '반드시 일어날 일의 가능성은 1이야. 계절이 바뀌고,

낮과 밤이 오는 이런 일처럼 꼭 일어나는 일 말이야. 하지만 내가 만나는 상어가 식인 상어일 가능성이 1은 아니지. 모든 상어가 식인 상어는 아닐 테니까. 상어는 약 400여 종이나 되는데, 그중 사람을 해치는 무시무시한 식인 상어는 백상아리, 청상아리, 귀상어, 흉상어 등등 20여 종도 안 된다고 했어. 식인 상어를 20여 종이라고 하고, 전체 상어 종류 중 식인 상어의 비율을 구한다면?

$$\frac{\text{식인 상어의 종류}}{\text{모든 상어의 종류}} = \frac{20}{400} = \frac{1}{20}$$

$\frac{1}{20}$이 몇 퍼센트(%)더라? 백분율(%)은 전체(기준량)를 100으로 했을 때 어떤 대상이 차지하는 비율이니까……

$$\text{백분율}(\%) = \text{비율} \times 100$$

그러므로 $\frac{1}{20} \times 100 = 5(\%)$. 전체 상어 중 식인 상어는 5%. 사람을 잡아먹지 않는 착한 상어는 95%야. 좋아! 95%에 내 운명을 걸겠어. 물론 상어의 종류별 개체 수와 이 바다에 어떤 상어가 많이 사는지 따위의 여러 조건에 따라 달라지겠지만, 나는 희망을 가질래.'

황금동은 안전 밧줄을 더 힘껏 쥐었다. 그때 커다란 붉은

머리가 황금동 옆으로 살그머니 올라왔다.

'흐허헉!'

황금동은 속으로 비명을 질렀다. 에릭이 고개를 끄덕이며 속삭였다.

"골드 브론즈, 내 손을 묶은 밧줄을 끊어. 이빨로."

입을 막고 있던 헝겊이 어느새 풀어지고 없어져서 에릭의 말대로 할 수 있을 것 같았다. 황금동은 생쥐를 떠올리며 밧줄을 갉고 또 갉았다. 밧줄에 코가 눌려 **돼지 코**가 되었지만 멈추지 않았다. 마침내 밧줄이 끊어졌다. 에릭도 황금동의 밧줄을 재빨리 풀어 주었다.

"골드 브론즈, 배 앞쪽으로 올라가라. 나머지는 내가 알아서 하마."

"하지만 무서워서……."

"나를 믿어. 할 수 있지?"

황금동은 마음을 굳게 먹고 배 위쪽으로 훌쩍 올라갔다.

"노예 녀석이 살아 있다!"

하랄트와 바이킹들이 우르르 황금동에게 몰려왔다. 에릭은

그 틈에 배의 뒤쪽으로 올라갔다.
"앗! 캡틴. 어떻게……?"
하랄트와 친구들은 너무 놀라 움직일 수조차 없었다. 가장 먼저 정신을 차린 하랄트가 칼을 들고 덤볐지만, 에릭의 **왼쪽 주먹 한 방**에 그대로 쓰러지고 말았다. 철없는 바이킹 용사들은 캡틴 붉은 까마귀 앞에 무릎을 꿇었다.
"잘못했어요. 용서해 주세요."
"바이킹은 배신자를 용서하지 않는다."
에릭은 단숨에 빼앗은 하랄트의 칼을 번쩍 들어 올렸다. 어린 바이킹들은 벌벌 떨며 에릭의 처분만 기다렸다. 에릭은 엄한 눈으로 이들을 내려다보았다.
"특별히 이번 한 번은 용서하겠다. 또다시 이런 일을 벌인다면, 상어 밥이 될 것이다. 자, 항해를 계속하자. 바이킹 용사들아! 우리는 전설의 푸른 땅을 찾아간다!"
에릭이 방향키를 잡으며 소리쳤다. 쓰러진 하랄트를 빼고 모두 제자리에 앉아 노를 저었다. 모두들 눈물을 주르르 흘렸다. 스푸크는 차가운 주먹으로 쓰러진 하랄트의 코를 힘껏 때려 주었다.

"배신자 하랄트. 난, 절대로 용서할 수 없어!"
하랄트가 꽁꽁 언 코를 쥐며 깨어났다.

·미스터리 수학·

룬 문자는
마법의 글자일까?

바이킹의 글자인 룬 문자는 신비로운 마법의 문자로 알려져 있다. 룬 문자는 북유럽 최고의 신, 오딘이 만들었다고 전해진다.

오딘은 지혜의 샘의 주인에게 한쪽 눈을 주고 지혜를 얻은 뒤, 9일 동안 나무에 거꾸로 매달린 채 룬 문자를 만들었다. 일부 유럽 사람들은 룬 문자에 특별한 능력이 있다고 믿었다. 점쟁이들은 룬 문자로 점을 쳤고 룬 문자를 새긴 부적을 지녔다. 룬 문자는 바이킹이 그리스도교를 믿기 시작한 12세기 이후에 점점 사라졌지만, 마법과 주술 등을 믿는 사람들은 여전히 룬 문자의 신비한 마법을 믿었다. 룬 문자에는 정말 마법이 깃들어 있을까? 오늘날 돌, 나무, 뼈, 금속 등에 새겨진 바이킹의 룬 문자를 해석해 보면 대부분 평범한 내용들이다.

폭풍의 눈에 나타난 수상한 섬

 겉으로는 평화로운 항해가 계속되었다. 낮에는 지나치게 뜨거웠지만 밤에는 살랑 바람도 불고 쏟아질 것 같은 별빛도 아름다워 낭만 비슷한 것도 느낄 수 있었다. 철없는 배신으로 풀이 죽은 어린 바이킹 용사들은 **에릭의 명령**에 무조건 따랐고 하랄트도 일단은 몸을 바짝 낮추었다.

 폭풍우는 좀처럼 나타나지 않았다. 에릭은 하늘에 삿대질을 하며 투덜거렸다.

 "빌어먹을 폭풍우 녀석. 피할 때는 잘도 나타나더니만 찾으려니 없네."

 날씨가 너무 맑아서 탈이었다. 모두의 물통이 소리 없이

비어 갔다.

"캡틴, 물이 다 떨어졌어요!"

에릭은 이마를 찌푸리며 말했다.

"이 근처엔 육지가 없어. 제일 가까운 육지는 우리가 떠나온 도둑 섬이야. 거길 또 갔다가는 성난 도둑들한테 수염을 다 뽑히고 말 거야. 조금만 참아라. 용맹한 바이킹들아, 북쪽 하늘 끝에 구름 그림자가 비친다. 폭풍우를 만나면 빗물을 얼마든지 마실 수 있다."

"맞아, 조금만 참아. 그래야 용맹한 바이킹이지."

유령이라서 물이 필요 없는 스푸크가 아빠 말을 흉내 냈다. 황금동은 사람들이 그 말을 들을 수 없어서

다행이라고 생각했다. 하마터면 철없는 바이킹들의 눈총에 쓰러지고 말았을 테니.

"얼마나 더 기다려야 하죠, 캡틴?"

"하루나 이틀? 기다릴 수 있지, 바이킹 용사들?"

에릭은 애써 밝은 표정으로 바이킹 용사들을 돌아보았다. 아무도 대답을 하지 않았다. 에릭의 표정도 굳어졌다.

또 하루가 지났다. 배 안에 물은 한 방울도 없었다. 햇살은 더욱 더 뜨겁고 날카롭게 내렸다. 바이킹들은 한마디 말도 없이 북쪽을 향해 노를 저었다. 스푸크는 부지런히 돌아다니며 찬바람을 일으켰지만 다들 너무 덥고 목이 말라 미치기 직전이었다.

"으허허, 물이다, 물!"

결국 프레드는 바닷물을 퍼마시다 바다에 빠지고 말았다. 에릭이 재빨리 뛰어들어 구했지만, 녀석은 정신을 잃고 바닥에 널브러졌다. 퀭한 눈으로 프레드를 쳐다보던 하랄트도 바닷물을 퍼먹기 시작했다.

"하랄트, 안 돼! 너까지 왜 이러냐?"

"놔요, 놓으라고! 물을 먹을 테야, 물!"

황금동은 바닷물을 마시려고 일어날 기운도 없어서 그냥 축 늘어져 있었다. 스푸크는 아빠를 돕고 싶었지만 무엇을

해야 할지 몰라 애만 태웠다. 에릭은 북쪽 하늘을 쳐다보며 중얼거렸다.

"이상해. 내 계산대로라면 벌써 폭풍의 경계에 도착했어야 해. 뭐가 문제지?"

황금동은 희망을 잃었다. 식인 상어의 위협에서도 무사했는데 고작 물 한 모금에 죽게 되다니! 억울했지만 어쩔 수 없었다. 황금동은 겨우 손짓을 해서 스푸크를 불렀다.

"스푸크, 내가 유령이 되면 꼭 우리 집으로 돌려보내 줘. 황금 비늘인지 인어 비늘인지가 있으면 나를 집으로 보낼 수 있지?"

"골드, 기운 내. 이 인어 유령의 황금 비늘을 네게 줄게, 응?"

스푸크는 인어 유령의 황금 비늘을 황금동의 손에 쥐어 주었다. 황금동은 마지막 남은 힘을 다해 인어 유령의 황금 비늘로 해를 비춰 보았다. 그렇게 하면 집에 돌아갈 수 있을 것처럼.

얇고 투명한 황금 비늘 안에 숫자, 연산 기호, 괄호가 떠올랐다.

"인어 공주님! 연산 기호와 괄호를 써서 이 등식을

황금동은 배 바닥에 숫자를 옮겨 쓰고 스푸크를 불렀다. 스푸크는 어이가 없었다.

"골드! 죽느냐 사느냐 하는 심각한 상황에 지금 수학 공부를 하자고?"

황금동이 고개를 끄덕였다.

"좋아! 네 마지막 소원이라면."

스푸크는 천재 탐정 유령의 딸답게 술술 문제를 풀어 나갔다.

"이런 경우 나는 문제를 일단 둘로 나누어. 나는 1, 2, 3, 4와 5를 나눌게. 이제 1, 2, 3, 4에 5를 더하거나 빼거나 곱하거나 나누어 20이 되는 수를 구하는 거야. 15+5, 25-5, 4×5, 100÷5 이렇게 되겠지?

이 중에서 좀 단순하게 계산할 수 있는 수를 찾아보면 돼.

15+5를 골랐다면, 1□2□3□4=15를 먼저 만들어 볼까?

이 숫자들도 둘로 나누면 돼.

1□2□3에 4를 더하거나 빼거나 곱하거나 나누어 15가 되는 수를 구해 보면, 1+2+3×4=15. 처음 문제로 돌아가서 1+2+3×4+5=20. 됐지?

이번에는 **25-5**로 해 볼까? (1+2×3×4)-5=20이 되네. 이렇게 방법은 여러 가지니까, 다른 식을 생각해 볼 수도 있지만 이 정도면 네 마지막 소원은 들어준 거지? 그러니 기운 내, 골드."

황금둥은 스푸크가 가르쳐 준 대로, 인어 유령의 황금 비늘 속 숫자 사이에 손가락으로 기호를 써 넣어 등식을 완성했다.

1+2+3×4+5=20

갑자기 등식이 사라지고 늑대의 눈동자처럼 차갑고 검은 동그라미가 보였다. 폭풍의 눈이었다.

"저쪽에 폭풍의 눈이 있어요!"

황금둥이 소리쳤다. 에릭은 지푸라기라도 잡는 심정으로 황금둥이 가리킨 쪽으로 배를 돌렸다. 바로 그 순간 눈앞이 흐려지더니 쏴아아 엄청난 비가 쏟아졌다.

"비다! 물, 물이야!"

바이킹들은 정신없이 물을 마셨다. 비바람 때문에 배가 뒤집어질 것처럼 흔들렸지만, 다들 물 먹기에만 정신이 팔렸다. 캡틴 에릭만 빼고 말이다. 에릭은 혼자서 돛을 조정하고 노를 저으며 요동치는 폭풍우를 헤치고 나갔다. 파도는 하늘 높은 줄 모르고 솟구쳐 뱃머리를 때렸다.

"바이킹 용사들아, 노를 꼭 붙잡아라! 절대로 놓치지 마."

에릭은 흔들리는 방향키를 꼭 붙들고 외쳤다. 그 순간 엄청난 파도가 배를 집어삼키려는 듯 솟구쳤다.

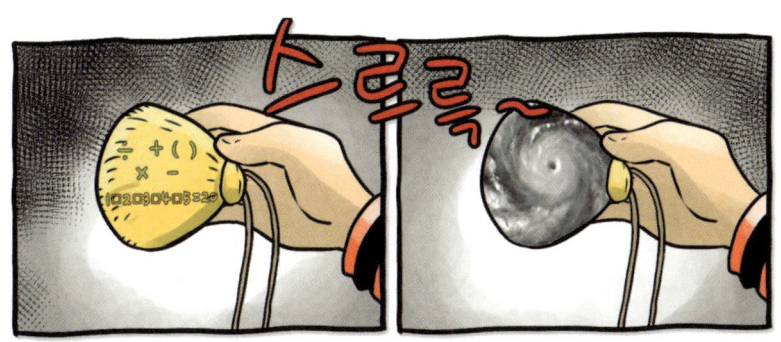

"살려 줘요! 배가 뒤집히겠어!"

용맹한 바이킹 용사들은 쏟아지는 파도를 온몸으로 막으며 비명을 질렀다. 하지만 바이킹 배는 산더미만 한 파도를 감당하지 못해 뒤집어질 듯 위태롭게 흔들렸다. 배가 뒤집어지기 직전, 놀랍게도 파도가 잔잔하게 가라앉았다. 바이킹 배는 드디어 폭풍의 경계를 뚫고 폭풍의 눈 속으로 들어간 것이다.

"육지다! 육지가 나타났어요! 섬인가 봐요."

프레드가 소리쳤다. 정말로 작은 섬이 보였다. 모두들

정신없이 노를 저어 육지에 배를 댔다. 황금동이 맨 먼저 섬에 내려섰다. 바닥이 진흙탕처럼 미끄덩해서 하마터면 넘어질 뻔했다. 그래도 흔들리는 배보다는 백 배 좋았다.

"와, 역시 난 땅이 좋아. 바다는 내 체질이 아니야."

황금동이 발바닥으로 땅을 탁탁 내리쳤다. 땅이 꿈틀거리는 것 같았다. 황금동은 너무 오랫동안 흔들리는 배 위에 있었던 탓이라고 생각했다.

"근데 여긴 어디죠? 노래에서는 폭풍의 눈 속에 크라켄 유령이 있다고 하지 않았나요?"

황금동은 섬을 훑어보았다. 괴물이라는 **크라켄 유령**은 물론 나무도, 바위도 없는 매끈한 섬이었다.

"크라켄 유령이 없으면 좋지 뭐냐. 내 생각에 여긴 전설의 푸른 땅이다. 우리가 전설의 땅을 찾은 거야. 으핫핫핫."

에릭이 한쪽 발로 땅을 팡팡 쳤다. 움찔움찔 땅이 흔들렸다. 황금동은 어쩐지 불안했는데, 스푸크는 좋아서 팔랑거렸다.

"벌써 전설의 푸른 땅을 찾다니, 역시 우리 아빠 최고!"

"그런데, 여기가 전설의 푸른 땅이라면, 왜 푸른색이 아니지?"

 황금동의 말이 끝나기도 전에 프레드가 외쳤다.
 "와! 여기 땅은 진짜 푸른색이야!"
 정말로 땅이 칙칙한 초록으로 변했다. 황금동이 첫발을 내딛었을 때는 분명 흰색과 회색이 뒤섞인 지저분한 색깔이었다. 황금동은 어쩐지 으스스했다. 하지만 다른 사람들은 '전설의 푸른 땅을 찾았다.'며 기뻐하기만 했다.
 "난 배고파. 뭐 먹을 건 없나?"
 하랄트의 말이 끝나자마자 마법처럼 고기와 과일, 꿀술로 한상이 차려졌다. **배고픈 바이킹**들은 아무 의심도 없이 허겁지겁 고기를 뜯고 꿀술을 들이켰다.
 "잠깐! 이건 너무 이상해요. 있을 수 없는 일이잖아요. 여긴 전설의 푸른 땅이 아니라 나쁜 마법에 걸린 뭐 그런 곳 같아요."
 황금동이 외쳤다. 하지만 와구와구 먹기 바쁜 바이킹들은 아무 대꾸도 없었다. 스푸크만 뾰로통한 목소리로 말했다.
 "골드, 우리 아빠가 전설의 푸른 땅이라잖아. 너 지금, 우리 아빠를 못 믿는 거니? 우리 아빤 최고의 바이킹이라고!"
 "캡틴 붉은 까마귀, 여기가 전설의 푸른 땅이 확실해요? 정말이에요?"

황금동은 에릭을 붙잡고 다시 물었다.
"불쌍한 골드 브론즈, 세상에 확실한 건 아무것도 없단다."
에릭은 순록 고기를 힘껏 뜯었다. 다른 바이킹들도 먹고 마시느라 정신이 없었다. 황금동의 심장이 두근두근 외쳤다.
'황금동! 어서 여길 떠나. 위험해. 기분 나빠. 수상해.'
"캡틴 에릭, 여기가 전설의 푸른 땅이라면 인어는 어디 있죠? 전설의 푸른 땅에는 인어가 산다면서요!"
바로 그 순간 섬 저편에서 금발의 긴 머리카락이 휘날렸다. 인어였다. 인어는 금발 머리를 펄럭이며 윤기 나는 꼬리를 살랑살랑 흔들었다. 뒷모습뿐이었지만, 정말로 아름다웠다.

크라켄 유령에 맞서는
바이킹 용사들

"인어다! 인어 공주님."
 하랄트가 닭 다리를 던지고 인어를 향해 달려갔다. 캡틴 에릭도 하랄트를 따라 달려갔다. 스푸크도 인어를 향해 날아가려고 파닥거렸다. 황금동은 재빨리 스푸크를 붙잡았다.
 "다들 제정신이야? 이건 정말 이상해. 말만 하면 뭐가 막 나타나고 인어 얘길 하니까 불쑥 인어가 나타나다니, 이상하지 않아? 이 땅 혹시 유령의 땅 아니야?"
 "전설의 푸른 땅은 마법의 땅인가 보지! 놔, 나도 인어 공주님, 보러 갈래."

　스푸크는 황금둥을 뿌리치고 인어에게 날아갔다. 인어는 여전히 고개를 푹 숙인 채 뒷모습만 보여 주었다. 에릭은 여신이라도 만난 듯 머리를 조아리며 말했다.
　"인어 공주님, 전 용감무쌍한 바이킹 용사 에릭입니다. 전설의 푸른 땅에서 살고 싶습니다. 허락해 주시겠습니까?"
　인어가 뒷머리를 갸웃했다. 아름다운 금빛 머리카락이 출렁거렸다. 바이킹 용사들은 온몸에 힘이 빠진 듯 몽롱한 기분이 들었다. 마침내 인어가 천천히 뒤를 돌았다. 얼마나 아름다울까! 모두 숨을 멈추고 인어를 쳐다보았다.
　"으악!"
　바이킹 용사들은 비명을 지르며 달아났다. 인어의 얼굴에는 눈, 코, 입 대신 **끔찍한 빨판**이 붙어 있었다.
　"크라켄 유령이다! 크라켄 유령이 인어로 변신을 했다. 모두 배로 돌아가. 우린 지금 크라켄 유령의 머리 위에 서 있는 거야."
　모두들 배가 있는 쪽으로 달렸다. 하지만 배는 감쪽같이 사라지고 없었다.
　"배, 배가 없어! 우린 이제 어쩌지?"
　황금둥의 말이 끝나기도 전에 엄청나게 기다란 크라켄 유령의 다리가 공중으로 솟구쳐 올랐다. 8개나 되는 끔찍한

다리에는 사람 얼굴만 한 빨판이 다닥다닥 붙어 있었다. 황금동은 공중에서 요동치는 다리를 멍하니 쳐다보았다. 그중 하나가 황금동의 얼굴을 겨냥한 채 곧장 날아왔다.

"조심해!"

스푸크가 황금동의 등을 확 밀었다. 황금동은 바다로 풍덩 빠졌다.

"으아앗, 꾸르르륵."

황금동은 바닷물을 꿀꺽꿀꺽 마시며 가라앉았다. 겨우 정신을 차리고 올려다보니 둥둥 뜬 크라켄 유령의 몸뚱이가 보였다. 끔찍한 8개의 다리는 사람들을 공격하느라 물 위에서 무시무시하게 출렁거렸다.

'바닷속이 더 안전하다니!'

황금동은 바닷물이 들어가 따끔한 눈을 껌벅거리며 중얼거렸다. 스푸크가 날아왔다.

"골드, 살았구나, 다행이야! 이제 아빠랑 다른 바이킹들을 구하자!"

"어떻게?"

바이킹 용사들은 크라켄 유령의 머리 위를 정신없이 뛰어다니며 끔찍한 공격을 피하고 있었다. 하지만 크라켄 유령의 머리 위에 있는 이상, 크라켄 유령의 공격을 피하는

건 불가능했다. 잇따라 끔찍한 비명이 들렸다. 바이킹 용사 한 명이 크라켄 유령의 다리에 붙들리고 말았다. 크라켄 유령은 긴 다리로 바이킹 용사를 돌돌 말아 조였다. 황금동은 너무 무서워서 심장이 터질 것 같았다.

"으악, 구해 줘!"

프레드도 바다로 빠졌다. 헤엄을 잘 치는 프레드는 금세 물 위로 떠올랐다. 황금동과 프레드는 물 위로 머리를 내밀고 크라켄 유령에게 쫓기는 다른 바이킹들을 쳐다보았다. 도와주고 싶었지만 방법이 없었다.

"바닷속이 더 안전하다면 우리 아빠도 바다에 빠뜨릴래."

스푸크는 자기가 만들 수 있는 가장 센 찬바람을 일으켜 에릭을 밀었다.

"어어어!"

에릭은 크라켄 유령의 **다리 공격**과 **찬바람**을 피하며 요동치는 크라켄 유령의 머리 위에서 균형을 잡으려 애썼다. 하지만 결국 바닷속으로 풍덩 떨어지고 말았다. 몸이 무거운 에릭은 아주 깊이 가라앉았다가 한참 만에 고래처럼 입으로 물을 내뿜으며 물 위로 머리를 내밀었다. 하랄트도 함께였다.

"하랄트는 언제 바다로 떨어졌지? 쳇, 배신자가 운도 참 좋아."

스푸크가 투덜거렸다. 에릭은 바다에 빠진 하랄트, 황금동, 프레드를 불러 모았다.

"우리가 크라켄 유령을 무찔러야 한다! 전설에 따르면

괴물의 약점은 눈이야. 날아가서 녀석의 눈을 찔러야 해."

캡틴 에릭의 머리가 이상해진 걸까? 아무리 용감한 바이킹이라도 어떻게 '날아가서' 괴물의 눈을 찌른단 말인가? 황금동은 고개를 절레절레 흔들었다.

"하랄트, 프레드, 칼 있지? 내가 너희를 던져 줄 테니, **힘껏 날아가 크라켄 유령의 눈을 찔러라!** 우리가 살아서 이곳을 빠져나갈 방법은 그것뿐이야."

황금동은 고개를 끄덕였다. 자기가 '날아가서' 괴물의 눈을 찌르는 끔찍한 일을 하지 않아도 되기 때문이었다. 그런데 하랄트가 온몸을 흔들며 반대했다.

"삼촌, 가장 무거운 사람이 가장 힘이 세잖아요? 그러니까 가장 무거운 사람이 날아가야죠."

"누가 가장 무겁지?"

"프레드는 저보다 무거워요."

하랄트가 통통한 프레드를 보며 말했다.

"저는 골드 브론즈보다 무거워요."

프레드가 말했다.

무거우니까, 프레드 다음으로 무거운 사람은 하랄트죠."

"좋다! 그럼 프레드와 하랄트가 크라켄 유령을 공격한다!"

에릭의 말에 하랄트의 얼굴이 새하얗게 질려서 또 겁쟁이 같은 소리를 했다.

"저, 저기……, 그런데 크라켄 유령의 눈은 두 개잖아요. 둘 중 누가 더 큰 눈을 찔러요? 나는 큰 눈은 별론데……. 무, 무서워서 그러는 거 아니에요. 기분 나빠서 그렇지."

황금동은 크라켄 유령의 눈을 쳐다보았다. 너무 무서워서 소름이 다 끼쳤지만, 눈의 크기는 비교할 수 있었다. 언뜻 보기에는 작은 점에 둘러싸인 왼쪽 눈이 더 커 보였지만, 실제로 두 눈의 크기는 같았다.

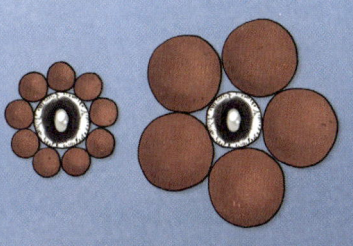

"눈의 크기는 둘 다 똑같아요! 어서 공격해요!"

바로 그 순간 하랄트는 바닷속 깊이 잠수를 해 버렸다.

"음…, 둘 중 제일 용감한 사람이 맨 먼저 공격하자. 누가 먼저지?"

에릭이 프레드와 황금동에게 말했다. 황금동은 고개를 절레절레 저었다. 이건 정말 21세기를 사는 대한민국

 소년이 할 수 있는 일은 아니었다. 무엇보다 황금동은 칼도 없었다.
 "자, 내 칼을 써라. 행운의 칼이니, 넌 절대 다치지 않을 거다."
 "난 못 해요. 난 칼을 써 본 적도 없어요. 무서워 죽겠어요. 용기로 치면 당연히 내가 꼴찌예요."
 "그래. 하지만 운은 네가 제일 좋다, 골드 브론즈. 내 칼을 손에 쥐었으니 말이다. 자, 운 좋은 자가 맨 먼저다."
 황금동이 뭐라 대답하기도 전에 에릭은 황금동의 몸을 힘껏 던졌다.
 "으허허헉."
 황금동은 공중에서 두 팔을 허우적거렸다. 정말로 운 좋게 오른손에 잡고 있던 칼이 정확히 크라켄 유령의 오른쪽 눈을 찔렀다. 다음은 프레드 차례였다. 프레드의 칼은 조금 빗나가 크라켄 유령의 왼쪽 눈 위를 찔렀다.

"크아아악!"

크라켄 유령이 끔찍한 비명을 내지르며 미친 듯이 머리를 흔들었다. 황금동은 바다로 떨어졌다. 하지만 프레드는 크라켄 유령의 눈 위에 박힌 칼에 위태롭게 매달린 채, 크라켄 유령의 왼쪽 눈을 다시 공격하려 했다. 크라켄 유령은 만만하게 당해 주지 않았다. 프레드를 향해 무시무시한 다리 공격을 날렸다. 다행히 프레드가 먼저였다. **투구에 달린 뿔**로 크라켄 유령의 왼쪽 눈을 힘껏 들이받은 것이다.

"크아아, 쿠아아앙!"

크라켄 유령은 끔찍한 비명을 내지르며 하늘 높이 솟구쳤다. 푸우웅덩, 괴물은 엄청난 소용돌이를 일으키며 바다 깊이 가라앉았다. 순식간에 바다가 핏빛으로 물들었다. 쥐 죽은 듯 주위가 고요해졌다.

"삼촌……. 우리, 이제 산 거예요?"

비열한 하랄트가 돌아왔다. 그런데 프레드가 보이지 않았다. 프레드는 크라켄 유령의 눈에서 떨어져 정신을 잃고 바다에 떠 있었다. 황금동은 재빨리 헤엄쳐 가 프레드를 배 위로 끌어올렸다. 황금동은 의식이 없는 프레드의 가슴을 텅텅 쳤다.

"프레드를 때려죽일 셈이야?"

스푸크가 말렸다.

"살리려는 거야. 심장이 멈췄을 땐 충격을 줘야 한다고."

황금동은 프레드의 입에 덥석 제 입을 갖다 댔다.

"꺅! 이 변태. 왜 프레드에게 입을 맞추는 거야?"

스푸크는 못 볼꼴이라도 본 듯 소리를 질러 댔지만, 황금동은 대꾸도 하지 않고 인공호흡에 열중했다. 인공호흡을 스무 번쯤 했을 때 프레드가 정신을 차렸다. 황금동은 맥이 풀려서 배 바닥에 벌렁 드러누웠다. 그때 에릭과 하랄트가 배 위로 올라왔다.

"프레드, 무사해서 다행이다. 정말 용감하구나!"

에릭은 프레드를 껴안고 거친 수염을 프레드의 볼에 비볐다. 황금동도 에릭의 칭찬을 기다렸다. 하지만 에릭은 황금동의 어깨를 살짝 두드릴 뿐이었다.

"바이킹 용사들아! 전설의 푸른 땅이 멀지 않았다. 동료의 희생을 생각해서라도 우리는 반드시 전설의 땅을 찾아낼 것이다!"

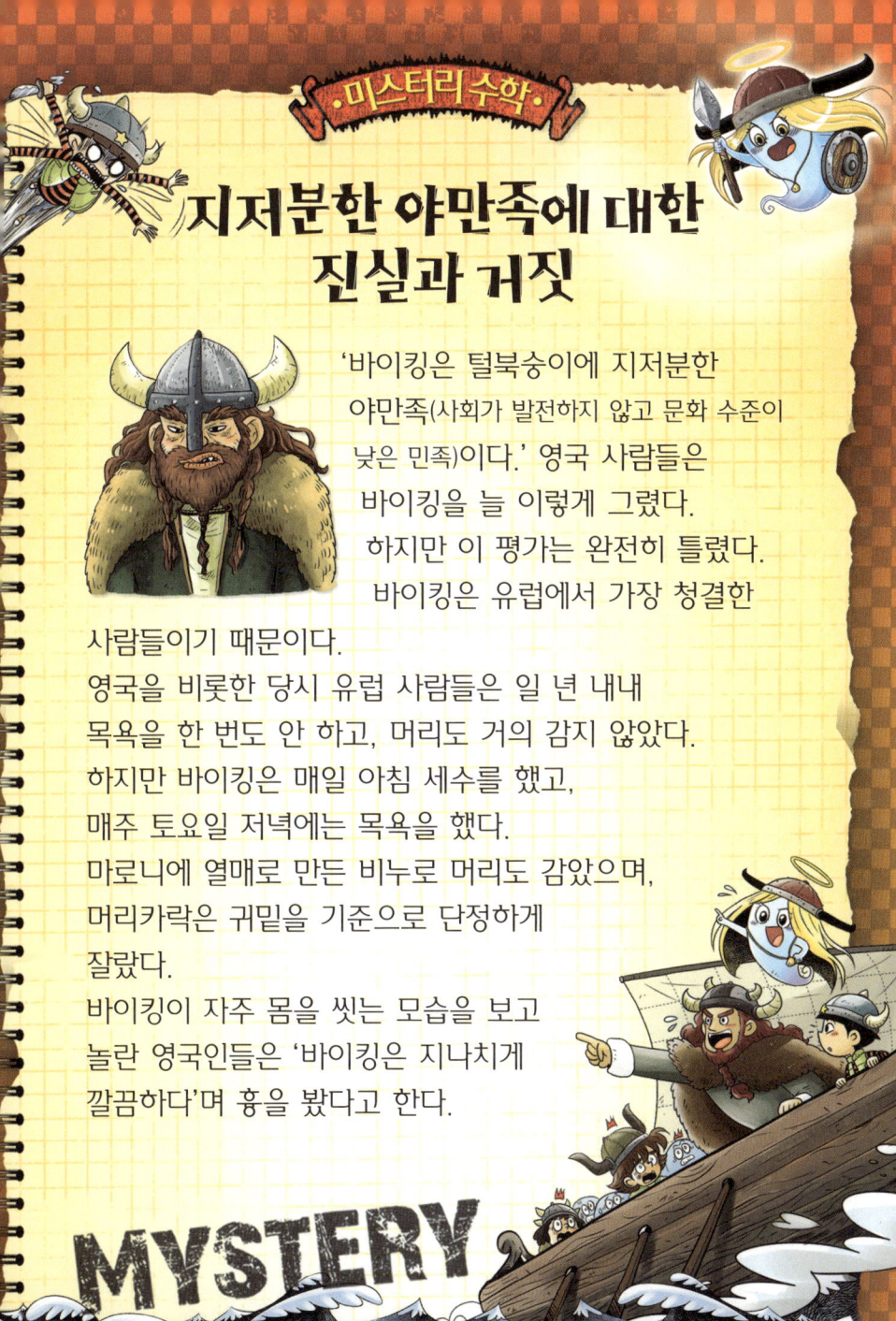

미스터리 수학

지저분한 야만족에 대한 진실과 거짓

'바이킹은 털북숭이에 지저분한 야만족(사회가 발전하지 않고 문화 수준이 낮은 민족)이다.' 영국 사람들은 바이킹을 늘 이렇게 그렸다. 하지만 이 평가는 완전히 틀렸다. 바이킹은 유럽에서 가장 청결한 사람들이기 때문이다.
영국을 비롯한 당시 유럽 사람들은 일 년 내내 목욕을 한 번도 안 하고, 머리도 거의 감지 않았다. 하지만 바이킹은 매일 아침 세수를 했고, 매주 토요일 저녁에는 목욕을 했다. 마로니에 열매로 만든 비누로 머리도 감았으며, 머리카락은 귀밑을 기준으로 단정하게 잘랐다.
바이킹이 자주 몸을 씻는 모습을 보고 놀란 영국인들은 '바이킹은 지나치게 깔끔하다'며 흉을 봤다고 한다.

MYSTERY

10

거대한 범선에서 열린 미스터리한 파티

　노랫소리가 들렸다. 흐느적거리는 슬픈 목소리, 애틋한 멜로디, 나른한 리듬……. 출렁이는 물결 소리뿐인 바다의 어디에서 <u>유령의 노랫소리</u>가 들리는 걸까?
　'어쩐지 졸려…….'
　노를 잡은 황금동의 손에서 조금씩 힘이 빠졌다. 뱃머리에 앉아 주변을 살피던 스푸크도 눈을 껌뻑였다.
　"이상하다……. 왜 자꾸 힘이 빠지지? 피곤하고 졸려. 나는 유령인데 왜 피곤하지……?"
　스푸크는 느릿느릿 황금동 옆으로 날아와 잠이 들었다. 황금동도 잠이 들고, 하랄트와 프레드도 드르렁드르렁 코를

골았다.

"힘든 일을 겪었으니, 모두들 피곤하겠지."

에릭은 쏟아지는 졸음을 쫓기 위해 휘파람을 불었다. 난생 처음 불어 보는 가락이 나왔다. 흐느적거리고 애틋하며 나른한 리듬……. 에릭의 눈꺼풀도 점점 내려앉았다. 용감한 바이킹 캡틴 에릭도 눈꺼풀과의 싸움에서는 이길 수 없었다. 마침내 망망대해에 떠 있는 멋진 바이킹 배의 선원들은 모두 잠이 들었다.

얼마나 지났을까? 황금동의 코끝에 얼음처럼 차가운 바람이 스쳤다. 황금동은 눈을 슬쩍 떴다. 흐릿한 그림자가 자신을 내려다보았다.

"골드, 일어나 봐. 우리, 어떻게 된 거야?"

스푸크가 황금동을 깨우고 있었다. 황금동은 소스라치게 놀라 일어났다. 다른 바이킹들도 눈을 비비며 일어났다.

"이게 어떻게 된 일이지? 다들 무사한 거지?"

아직까지는 모두 무사했다. 하지만 정체를 알 수 없는 거대한 배가 바짝 다가와 이들을 위협했다.

"이 배는 뭐지? 어느 나라 배야? 이런 배는 처음 보는데?"

돛이 세 개나 달려 있는 엄청나게 큰 범선(돛을 달아 바람의 힘으로 운항하는 배)이었다. 범선에서 굵은 밧줄 사다리가

내려왔다.

"혹시 해적 아니에요?"

프레드가 겁에 질린 목소리로 물었다.

"해적이어도 다행이야. 우린 물도 먹을 것도 없으니 해적에 잡혀서라도 뭘 좀 얻어먹자. 이런 큰 배라면…… 흠, 탐나는걸."

에릭은 커다란 범선에 군침을 흘렸다. 하지만 아무리 천하의 바이킹 용사 에릭이라도 맨손으로 이런 범선을 약탈하는 건 불가능한 일이었다.

범선에서 한쪽 손에 갈고리를 달고 우스꽝스런 선장 모자를 쓴 남자가 사다리를 타고 내려왔다.

"후크 선장이다……"

황금동이 중얼거렸다. 선장은 윙크를 하며 다가왔다.

"미안하지만, 난 후크가 아니란다. 줄 선장이야. 혹시 나랑 닮은 사람을 본 적 있니?"

줄 선장은 무시무시한 갈고리로 황금동의 머리를 쓰다듬었다. 동화책에 나오는

후크만큼 나쁜 선장은 아닌 것 같아 일단 안심했다.
"바이킹 여러분, 여기서 뭐 하고 있나요? 배 안 고파요? 우리 배로 갑시다. 모두들 기다리고 있어요. 마침 파티 중이랍니다. 생일 파티예요. 우린 날마다 생일 파티를 하죠. 정말 즐겁답니다. 여러분, 음악 소리가 들리나요?"

황금동은 줄 선장의 수다를 들으며 범선을 올려다보았다.
'이렇게 거대한 범선은 중세 이후에 발명되지 않았나? 중세 대항해 시대에 서유럽의 여러 나라들이 이런 범선을 타고 신대륙을 찾아 떠났지. 하지만 지금은 바이킹 시대야. 대항해 시대가 되려면 적어도 400~500년은 더 있어야 한다고. 이 배는 도대체 뭐야? 혹시 과거로 온 유령선?'

황금동의 어깨에 소름이 쫙 끼쳤다. 하지만 에릭은 벌써 사다리를 타고 범선으로 올라가고 없었다.
"파티라니! 끝내주지? 저 음악 좀 들어 봐."
스푸크도 팔랑팔랑 범선으로 날아갔다. 하랄트와 프레드도 배불리 먹고 마실 생각에 들떴다.
"캡틴, 스푸크, 하랄트, 프레드! 그 배는 위험해. 올라가면 안 돼. 유령인지 해적인지 귀신인지 모르잖아! 응? 크라켄이 변한 거면 어떡해요. 네?"
황금동이 소리쳤지만 다들 범선으로 올라가 버렸다.

생일 파티 음악이라기에는 처량한 음악 소리가 황금동의 귓속으로 파고들었다.

"그래. 될 대로 되라지. 유령선이라도 좋아. 와, 파티다!"

황금동도 범선으로 올라갔다. 심장이 쿵쾅쿵쾅 위험 신호를 보냈지만 황금동은 알아채지 못했다.

범선 안은 완전히 다른 세상이었다. 흥겨운 음악과 달콤한 음료수, 맛있는 음식이 가득했고, 멋진 양복을 입은 신사와 드레스를 입은 귀족 부인과 아이들이 왁자지껄 떠들며 춤을 추고 있었다.

"우와!"

바이킹 용사들은 휘둥그레진 눈으로 파티를 구경하며 음식을 와구와구 먹어 댔다. 식탁 예절은 물론이고 감사 인사조차 떠올릴 겨를이 없었다.

"이거, 정말 먹어도 되나? 갑자기 나타난 음식을 먹고 위험에 빠진 적이 있었던 것 같아."

황금동이 망설이자, 프레드가 황금동의 입에 구운 고래고기를 쑤셔 넣었다.

"먹어 봐. 걱정 따윈 갈매기에게 줘 버리고."

고기를 씹자마자 황금동의 머릿속에서 걱정이 씻은 듯이 사라졌다. 황금동은 배가 터질 때까지 먹고 또 먹었다. 배가

터지기 직전에 웬 여자아이가 황금동에게 다가왔다.
"안녕! 내 이름은 '버릴'이야. 우리 춤출까?"
"난 춤 잘 못 추는데……."
"괜찮아. 이렇게 마주 서서 깡충깡충 뛰면 돼."
황금동은 버릴과 함께 빙글빙글 돌며 춤을 췄다. 가까이에서 보니 버릴은 얼굴색이 매우 파리하고, 드레스는 매우 낡고, 머리카락은 윤기가 없어 부스스했다. 꼭 박물관에서 막 튀어나온 미라 같았다. 하지만 다정한 미소 덕분인지 끔찍하거나 무섭지는 않았다. 황금동이 여자아이와 이야기를 나누며 깔깔 대자 스푸크가 샐쭉한 얼굴로 다가와 물었다.
"그런데 누구의 생일 파티야?"
"몰라. 누군가의 생일 파티겠지, 뭐."
버릴이 웃으며 말했다.
"뭐? 누구 생일인지도 모르고 파티를 한다고?"
"누구인지

왜 몰라? 오늘 태어난 어떤 아기지. 지금은 486살이래. 하하하!"

줄 선장이 말했다. 배에 탄 사람들이 모두 깔깔깔 배꼽을 잡고 웃었다.

"사실 이 파티는 장례식 파티야. 오늘 누가 죽었거든. 겨우 999살의 나이로 말이야."

점잖은 신사가 즐거운 분위기에 찬물을 끼얹었다. 황금동은 깜짝 놀랐다.

'이거 '삼가 고인의 명복을 빕니다.'라고 말해야 하나?'

하지만 범선의 선원들과 승객들은 또 큰 소리로 웃었다.

"헛소리하지 마! 이건 결혼 파티야. 196살 먹은 아가씨가 유령과 결혼을 했거든."

"어? 내 친구가 뱀파이어한테 청혼을 받아 프로포즈 파티를 여는 건데? 내 친구는 프로포즈 받으면서 깔깔깔 울었대. 자긴 71살밖에 안 먹었고 겨우 1번 죽었는데, 청혼한 뱀파이어는 벌써 100번이나 죽었다 살아났다나?"

줄 선장과 범선 사람들은 수다스럽게 떠들며 웃어 댔다. 갑자기 줄 선장이 날카로운 갈고리를 번쩍 쳐들며 황금동에게 물었다.

"파티 주인공들의 평균 나이는?"

　평균은 중간값이다. 평균을 구하려면 자료 전체의 합을 자료의 개수로 나누어야 한다. 황금동은 배 바닥에 표를 그려, 파티의 주인공들과 나이를 적었다. 파티 주인공들의 나이를 모두 더한 뒤, 주인공들의 수로 나누면 평균 나이를 알 수 있기 때문이었다.

파티 주인공	오늘 태어난 아기	오늘 죽은 누군가	유령과 결혼한 아가씨	뱀파이어에게 청혼 받은 친구
나이	486살	999살	196살	71살

　모두의 나이를 더하면 $486+999+196+71=1752$(살). 이것을 주인공의 수로 나누면 $1752 \div 4 = 438$(살).
　"평균 438살이요."
　황금동은 아까 삼킨 고래 고기가 도로 튀어나오려는 것을 간신히 참으며 답을 말했다. 줄 선장의 **날카로운 갈고리**가 얌전히 내려갔다. 황금동은 웩, 고래 고기를 토했다.
　　아직도 황금동의 인생은 '웩'이었다.

바이킹을 홀리는
유령의 노랫소리

  범선에 탄 사람들은 점점 더 이상해지고 있었다. 에릭은 단 1초도 쉬지 않고 신들린 듯 춤을 추었다. 너무 피곤하고 다리가 아파서 쓰러질 지경이었지만 춤이 멈춰지지 않았다.
  프레드는 고기를 먹고 빵을 먹고 음료수를 마시고, 또 고기를 먹고 빵을 먹고 음료수를 마시고 또 고기를 먹었다. 배는 이미 가득 차서 물 한 모금 더 들어갈 데가 없었지만 프레드의 손이 계속해서 음식을 집어 입에 쑤셔 넣었다.
  "으아, 사려도……. 배 터지게서……."
  프레드는 입에 음식을 가득 넣은 채 웅얼거렸다.
  하랄트는 범선의 선원과 싸움을 벌였다. 말싸움으로

시작해서 결국 주먹다짐까지 벌였다. 하랄트는 싸우고 또 싸우고 또 싸웠다. **나쁜 마법사**의 흑마법(해를 끼치기 위해 거는 마법)에 걸린 것처럼 범선 위는 아수라장이 되었다.

황금동은 계속 속이 안 좋았다.

"스푸크. 난 토할 것 같아. 으으으."

하지만 스푸크는 황금동의 말에 귀를 기울이지

않았다. 디저트에 군침을 흘릴 뿐이었다.

"맛있겠다. 나도 케이크 먹고 싶어."

"먹으면 되지. 여긴 유령도 먹을 수 있는 케이크만 있단다."

줄 선장이 딸기를 얹은 새하얀 생크림 케이크를 흔들며 말했다. **스푸크는 침을 꿀꺽 삼켰다.**

"정말요? 그럼 이거 나 먹어도 돼요?"

"안 돼. 이건 버릴 거야."

"버릴 거요? 와, 잘됐다. 내가 그냥 먹을게요."

"안 돼. 버릴 거니까."

줄 선장은 **친절한 미소**를 지으며 고개를 저었다. 스푸크는 약이 올랐지만 꾹 참고 다른 걸 가리켰다.

"그럼 저 주스는요? 주스는 먹어도 되죠?"

"아니. 그건 줄 거란다."

"나 줄 거라고요?"

"아니. 줄 거라고."

줄 선장이 주스 잔을 손에 들었다. 스푸크는 소리를 꽥 질렀다.

"줄 거라면서요. 나 줄 거라면서요. 그런데 왜 선장님이 마시려고 해요?"

"이건 줄 거니까."

줄 선장은 스푸크의 코앞에서 주스를 꿀꺽꿀꺽 마셔 버렸다. 스푸크는 화가 나서 온몸이 빨개졌다.

"내가 유령이라고 무시하는 거죠? 골드, 넌 내 편 안 들고 뭐 하는 거야? 그러고도 네가 내 친구야?"

"'버릴' 거니까 버릴 거라고 하고 '줄' 거니까 줄 거라고……. 스푸크, 나는 자꾸 토할 것 같아."

"골드, 너도 나 무시하는 거야? 난 먹고 싶은데 넌 애써 먹은 걸 토한다고? 너무해."

스푸크는 너무 화가 나서 황금동을 확 밀었다.
황금동은 그만 균형을 잃고 바다에 빠지고 말았다. 풍덩. 황금동은 바닷속 깊이 들어갔다. 귀가 먹먹해졌다. 범선에서부터 내내 듣던 노랫소리가 들리지 않았다. 배 속도 편안해졌다.

"토할 것 같은 느낌이 싹 사라졌어. 아, 정말 살 것 같다."

황금동은 물 위로 올라왔다. 흥겨운 듯하면서도 애절한 노랫소리가 들렸다. 황금동의 배 속이 또다시 부글부글 끓었다.

"골드 너, 다시는 날 무시 못 하게 해 주마!"

스푸크가 황금동을 향해 날아왔다. 황금동은 또다시

잠수를 했다. 노랫소리가 사라지며 마음이 편안해졌다.

"바로 이거야. 저 노래가 우릴 홀리고 있어. 그래서 다들 이상해진 거라고."

황금동은 황급히 바다 위로 올라갔다. 바다 위를 맴돌던 스푸크를 붙잡고 물속으로 들어갔다. 스푸크는 황금동에게 붙잡힌 팔을 빼내려고 요동을 쳤지만 점점 깊숙이 들어갔다. 차가운 물속에서 스푸크는 비로소 마음이 가라앉았다. 케이크와 주스의 주인이 골드와 이야기를 나누던 버릴과 줄 선장이라는 것도 이해할 수 있었다. 황금동이 왜 자신을 물속으로 끌고 들어왔는지도 알았다. 그래도 숨이 막혔다. 스푸크와 황금동은 서둘러 물 위로 올라갔다. 스푸크는 또다시 화가 났다.

"골드 너, 나보다 버릴이 더 좋다는 거야?"

황금동은 얼른 스푸크의 귀를 막았다. 스푸크는 다시 화가 가라앉았다. 스푸크는 고개를 끄덕였다. 황금동은 얼른 바이킹 배로 올라가 헝겊을 찢어 귀를 막았다.

"스푸크, 정신 차려. 노래야. 저 노래가 우릴 홀리고 있어. 저 범선은 **유령선**임이 틀림없어."

스푸크도 두 손으로 귀를 꼭 막고 고개를 끄덕였다. 둘은 범선을 향해 눈짓을 했다. 무슨 수를 써서라도 저

유령선에서 바이킹 용사들을 구출해야 한다. 황금동은 비장한 마음으로 범선에 기어 올라갔다. 먼저 만만한 프레드부터였다. 스푸크가 프레드의 얼굴에 찬바람을 불었다. 프레드가 눈을 가리는 사이 황금동은 프레드를 바이킹 배로 던졌다.

"다음은 하랄트 형이야."

황금동의 말에 스푸크는 고개를 저었다.

"배신자는 안 돼! 유령선에 두고 가!"

황금동도 잠시 마음이 흔들렸다. 하지만 하랄트를 버리고 가면 두고두고 죄책감에 시달릴 것 같았다. 밤마다 꿈에서

하랄트 유령에게 쫓길지도 모를 일이었다. 황금동은 선원과 말싸움을 벌이는 하랄트의 똥배를 노렸다. 온 힘을 주먹에 집중해서 퍽! 하랄트가 배를 부여잡고 쓰러졌다.

"스푸크, 네 원수는 이렇게 갚아 줬다!"

황금동은 하랄트를 바이킹 배로 끌어다 놓았다. 프레드와 하랄트는 정신을 잃은 채 바이킹 배 위에 널브러졌다. 유령들은 바이킹 용사들을 홀리려고 노래를 계속 불렀다. 황금동과 스푸크는 귀를 꼭 틀어막은 덕분에 정신을 차릴

수 있었다.

"캡틴은 어쩌지?"

황금동이 제 주먹과 에릭을 번갈아 쳐다보며 말했다. 스푸크는 고개를 절레절레 흔들었다.

"네 주먹은 어림없어, 골드. 노래에는 노래로 승부를 내자. 내 노래를 따라 해. 엄마가 부르면 아빠와 내가 답을 맞히던 노래가 있어. 이걸 부르면 아빠도 정신을 차릴 거야."

스푸크는 노래를 부르기 시작했다.

"고대 그리스의 수학자 디오판토스는 일생의 $\frac{1}{6}$을 소년으로 보냈지. 일생의 $\frac{1}{12}$이 지난 뒤 수염이 나기 시작하는 청소년이 되었지. 그 후 일생의 $\frac{1}{7}$을 홀로 살다가 결혼한 지 5년 만에 귀여운 아들을 얻었지. 하지만 그의 아들은 디오판토스의 반밖에 살지 못했네. 아! 슬퍼라. 그는 이후 4년 동안 슬픔에 빠져 있다가 세상을 떠났다네. 디오판토스는 몇 살에 유령이 되었을까?"

스푸크는 음치 뺨치게 찢어지는 목소리로 노래를 불렀다. 황금동은 귀를 막고 싶었지만 그 노래를 똑같이 불러야 했기에 귀를 기울여 노래를 들었다. 참으로 괴로운 시간이었다.

"음, 넌 정말 가수는 못 하겠다. 그리고 너희 엄만 참 자식 괴롭히는 방법도 가지가지다. 이렇게 어려운 가사를 부르면 어떡하니? 아무리 천재 유령이라지만 너무해!"

"우리 엄마 흉보지 마! 이건 고대 그리스 수학자 디오판토스의 묘비에 남아 있는 문제야. 이 어려운 문제를 낸 사람은 우리 엄마가 아니라 디오판토스라고! 따지고 싶으면 유령 세계로 건너가 그 사람한테 따지라고!"

스푸크는 제 엄마 흉을 본 황금동에게 버럭 화를 냈다. 황금동은 얼른 꼬리를 내렸지만 조금 마음이 상했다.

"미안해. 근데 넌, 그렇게 엄마를 사랑하는 애가 엄마의 황금 비늘을 훔쳐 오고 엄마 몰래 막 과거로 가고 그러냐?"

"흥! 남의 모녀 사이에 끼어들지 마."

황금동과 스푸크 사이에 냉랭한 바람이 불었다. 둘은 하나같이 자기가 아쉬울 건 없다고 중얼거렸지만 사실은 둘 다 아쉬울 게 아주 많았다. 조금 더 착한 황금동이 먼저 말을 걸었다.

"근데 이 노래 답 알아?"

"당연하지. 이 노래 문제는 모르는 값(미지수)을 문자로 만들어 식을 세우면 돼. 디오판토스는 처음으로 문자를 이용해 수학식을 나타낸 사람이거든. 디오판토스의 일생,

즉 전체 나이를 □ 라고 해서 생각해 보자."

소년 시절	청소년 시절	결혼 전 홀로 산 기간
$\frac{1}{6} \times \square$	$\frac{1}{12} \times \square$	$\frac{1}{7} \times \square$
결혼 후 아들이 태어나기 전 시간	아들이 산 기간	아들의 죽음으로 슬퍼한 기간
5년	$\frac{1}{2} \times \square$	4년

"위 표의 기간을 모두 더하면 디오판토스의 전체 나이 □가 되는 거지. 식으로 나타내면 이렇게 돼."

$(\frac{1}{6} \times \square) + (\frac{1}{12} \times \square) + (\frac{1}{7} \times \square) + 5 + (\frac{1}{2} \times \square) + 4 = \square$ (살)

"으. 이렇게 길고 복잡한 식은 평생 못 풀 거야."
황금동은 고개를 절레절레 흔들었다.
"정말? 어떻게 미래에서 온 애가 바이킹보다 **수학 실력**이 더 꽝이니?"
스푸크는 이해할 수 없다는 듯 혀를 찼지만 다행히 다시 설명을 해 주었다. 수학 꼴찌에게 하듯 친절하게.
"이건 디오판토스의 나이를 묻는 문제니까, 답은

자연수야. □는 각 분수의 분모인 6, 12, 7, 2로 모두 약분이 되는 자연수겠지? 그럼 먼저 6, 12, 7, 2의 **최소공배수**를 구해야지. 그런데 2와 6의 공배수는 12야. 그러니까 12와 7의 최소공배수를 구하면 6, 12, 7, 2의 최소공배수이기도 한 거지. 12와 7의 최소공배수는 12×7=84. 디오판토스는 84살에 유령이 되었어. 그의 일생을 정리해 알려 줄게."

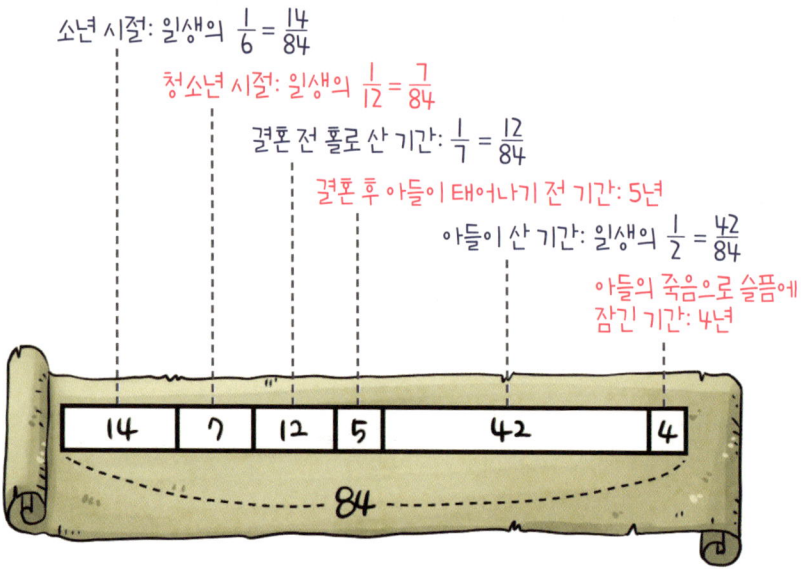

황금동은 고개를 끄덕였지만 설명을 들으면 알 것 같다가도 다시 풀라면 모를 것 같은 어려운 수학 문제를

만난 기분이었다.

"좋아. 이제 노래를 불러."

"고대 그리스의 수학자 디오판토스는 일생의 $\frac{1}{6}$을 소년으로 보냈지……."

황금동은 노래를 빽빽 불러 댔다. 어렵고 복잡한 가사를 세 번이나 똑같이 부른 후에야 에릭이 흐리멍텅한 눈빛으로 황금동을 쳐다보며 말했다.

"84살?"

그 순간 황금동과 스푸크는 에릭의 등을 힘껏 밀었다. 에릭은 바다로 빠졌다.

"어휴, 차가워. 정신이 하나도 없네. 깊은 잠에서 깨어난 것 같아. 우리한테 무슨 일이 있었던 거냐?"

"디오판토스는 84살에 유령이 되었다네……."

황금동은 소리쳐 노래를 부르면서 유령선을 가리켰다. 범선은 이미 사라졌다. 또 어느 시대 어느 바다를 떠다니며 누구를 홀리려고…….

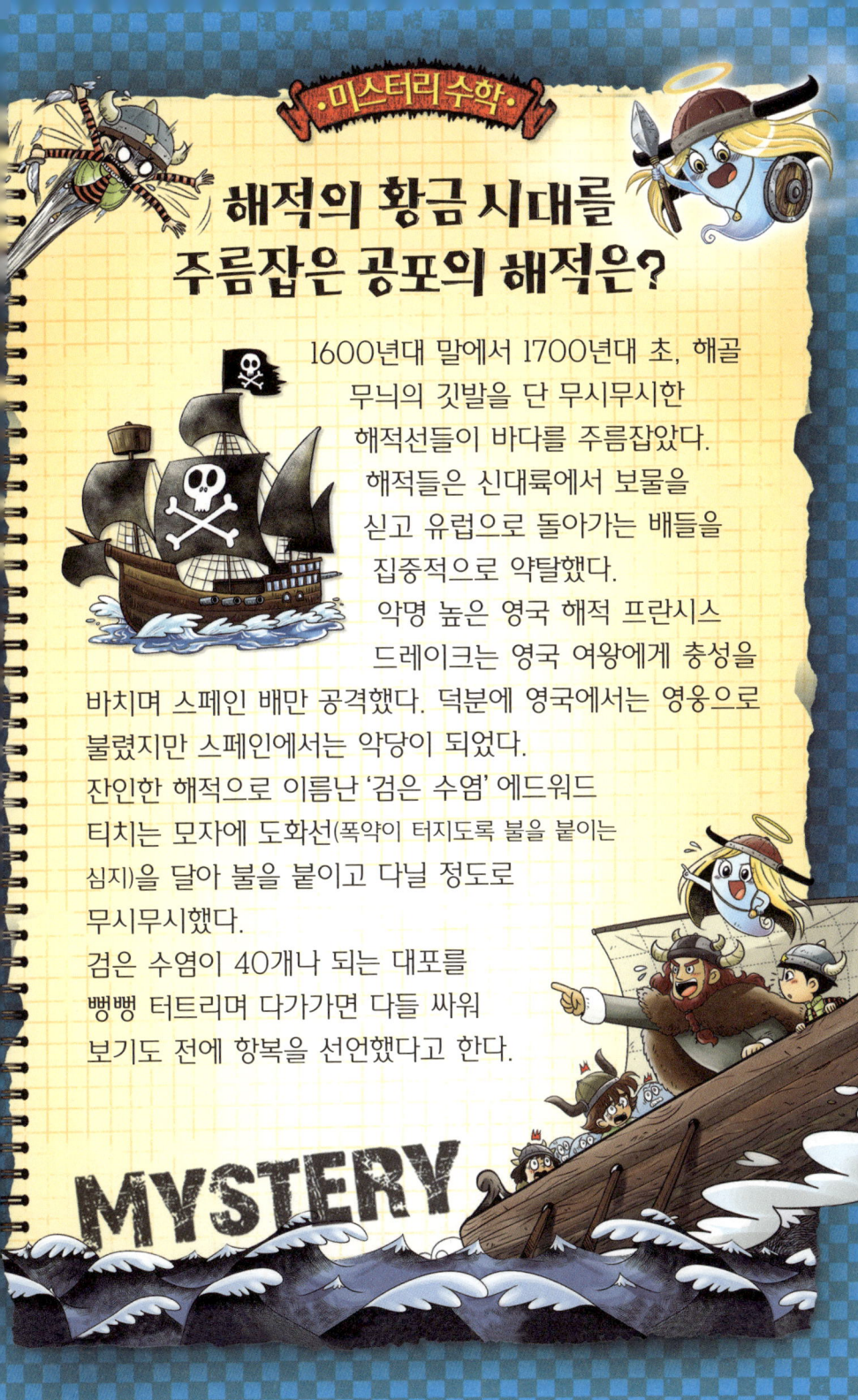

안개 속에 숨겨진
전설의 푸른 땅

"스푸크!"
 인어 공주처럼 예쁜 아줌마가 바이킹 배 위에 나타났다. 황금동은 '뿅' 하고 나타난 걸 보니 유령 아니면 귀신, 마녀라고 확신했다. 예쁜 아줌마는 정말로 유령이었다. 스푸크의 엄마 파이알 유령이 스푸크를 쫓아온 것이다.
 "아이고, 이 말썽꾸러기야. 내가 집을 비울 수가 없어. 잠시만 비워도 사람이나 유령이나 하나같이 문제를 일으키니 말이야. 스푸크, 넌 정말 못 말리는 녀석이야. 다시는 사람을 이용하지 마. 알겠니?"
 파이알 유령은 스푸크를 혼냈다. 괜히 황금동까지 주눅이

들어 고개를 푹 숙이고 같이 야단을 맞았다.

"어쩌자고 멀쩡하게 잘 사는 애를 여기로 끌어들인 거야? 도대체 인어 유령의 황금 비늘은 어디 있니? 저 애를 돌려보내야지."

"스푸크가 갖고 있어요. 얼른 뺏어 가세요."

황금동이 냉큼 일러바쳤다. 하지만 스푸크는 인어의 황금 비늘을 내놓을 생각이 없었다.

"아직은 안 돼요, 엄마. 전설의 푸른 땅부터 찾아야 한다고요."

스푸크는 인어 유령의 황금 비늘을 뒤로 감추었다.

황금동은 황금 비늘을 뺏으려고 스푸크에게 달려들다가 그만 배 위로 올라오던 에릭을 덮치고 말았다. 그 바람에 에릭은 도로 물속에 빠졌다. 바다에 동동 뜬 채 에릭이 물었다.

"골드 브론즈, 그 노래 어떻게 안 거냐? 디오판토스를 네가 어떻게……."

황금동은 스푸크와 **파이알 유령**의 눈치를 보았다. 스푸크는 고개를 끄덕였지만 파이알 유령은 엄하게 고개를 저었다. 에릭에게 두 사람이, 아니 두 유령이 여기 있다는 걸 알리지 말라는 뜻이었다. 황금동은 일단 시치미를 뗐다.

"아, 그거요? 난 그저 수학 노래를 불렀을 뿐이에요. 수학 좀 한다는 사람들은 다 아는 노래잖아요."

황금둥이 횡설수설하자 에릭은 고개를 저으며 배 뒤에 가서 앉았다. 에릭은 한숨을 한 번 쉬고는 안개가 자욱한 바다를 손가락질했다.

"바이킹 용사들아! **전설의 푸른 땅**에 다 온 것 같다. 저 안개 뒤에 전설의 푸른 땅이 있을 것이다."

스푸크가 놀라서 엄마를 쳐다보았다.

"엄마, 진짜야?"

"그래, 스푸크. 설마 너, 아빠를 못 믿었던 거야? 용맹한 바이킹 용사 캡틴 붉은 까마귀가 전설의 푸른 땅을 못 찾을 줄 알았니? 그런 사람이었으면 내가 결혼도 안 했지! 잔말 말고 넌 얼른 인어 유령의 황금 비늘이나 내놔. 인어들이랑 얘기를 좀 해야겠다."

파이알 유령은 스푸크가 건넨 황금 비늘에 태양 빛을 받아 안개 쪽으로 쏘았다. 한 번, 두 번, 세 번……. 안개 바다에서 별빛처럼 세 점이 반짝였다. 세 점은 꼬리를 치며 점점점 다가왔다. 가까이에서 보니 별빛 점들이 바로 인어들이었다. 치렁치렁한 금발 머리에, 반짝이는 황금 비늘, 빛나는 금빛 꼬리가 아름다운 인어. 그런데 인어의

얼굴에는 쪼글쪼글한 주름살이 가득했다. 피부는 축 늘어지고, 팔에는 검버섯까지 났다.

'뭐야? 인어는 다 공주인 줄 알았더니 인어 할머니잖아. 으, 실망이야. 꼬리에 붙은 황금 비늘만 예쁘고 완전 할머니야. 저 비늘이나 하나 가져갔으면 좋겠다. 한 개만 팔아도 부자가 될 거야. 몰래 하나 뜯을까?'

인어 할머니들이 황금동을 보며 반짝 미소를 짓자 황금동도 반가운 듯 활짝 웃어 주었다.

'웃을 때는 인어 할머니 얼굴도 공주처럼 예쁘네.

신기하네. 하지만 웃을 때만 반짝반짝이야!'

황금동은 고개를 절레절레 저었다.

'안녕, 파이알. 드디어 우리랑 같이 살러 온 거야? 파이알이라면 언제나 환영이지.'

인어의 목소리가 울려 퍼졌다. 그런데 인어의 목소리는 인어의 입에서 나는 것 같지 않고 황금동의 가슴속에서 들리는 것 같았다. 황금동은 고개를 갸웃거렸다. 인어 할머니가 또 반짝 웃었다.

'안녕, 골드 브론즈, 인간 아이야. 인어들은 말을 할 수 없단다. 우린 지금 마음으로 얘길 나누는 거야.'

'마음이요? 그럼 내 마음, 내 생각을 다 읽는단 말이에요?'

인어가 고개를 끄덕였다. 황금동은 깜짝 놀랐다.

'응, 할머니라서 미안하다. 실망시켜서……'

'그래도 웃을 땐 예쁘다고 해 줘서 고마워. 인간한테 예쁘다는 말을 들어 본 지가 언젠지……'

'아무튼 우리 황금 비늘은 못 줘.'

인어 할머니들의 말이 차례로 가슴속에서 들려오자 황금동은 부끄러워서 얼굴이 빨개졌다. 혹시나 더 부끄러운 생각을 하다 들킬까 봐 마음을 텅 비우고 싶었다. 하지만

그건 불가능했다.

"골드 브론즈, 괜한 생각 하지 말고 인어의 문제나 풀어. 사람이 전설의 푸른 땅으로 들어가려면 인어 유령이 낸 문제를 풀어야 해."

파이알의 말에 인어들이 맞장구를 쳤다.

'맞아, 골드 브론즈. 여기 온 바이킹 용사를 대표하여 우리의 문제를 풀어 보렴. 그럼 인어의 땅에 들어오도록 특별히 허락해 줄게.'

　파이알 유령이 인어 유령의 황금 비늘을 바닥에 내려놓았다. 황금 비늘에서 강한 빛이 솟구쳤다. 빛 속에는 여러 숫자들이 정신없이 떠다녔다.

'소수를 찾아라.'

　인어 유령의 목소리가 울려 퍼졌다.

　황금동은 깨알같이 작은 숫자들을 쳐다보았다. 스푸크가 다가왔다.

　"골드, 이 문제 꼭 풀어야 해. 우리 아빠는 전설의 푸른 땅에 꼭 가야 하니까."

　"응, 알았어. 소수는 1과 자기 자신만을 약수로 갖는

자연수, 맞지?"

"그래. 하지만 1은 소수가 아니야."

골드는 고개를 끄덕이며 소수를 찾기 시작했다.

"<mark>에라토스테네스의 체</mark>를 이용하렴."

파이알 유령이 말했다. 황금동은 깜짝 놀랐다.

"유령들한테는 소수를 걸러 내는 마법의 체가 있단 말이에요? 역시! 어서 주세요."

황금동은 손을 내밀었다. 파이알 유령이 깔깔 웃었다.

"에라토스테네스의 체는 그리스의 수학자이자 지리학자인 에라토스테네스가 알아낸 소수 찾는 방법이야. 2부터 자연수를 차례로 쓴 다음, 2를 남겨 두고 나머지 2의 배수를 지워. 그리고 3을 남겨 두고 나머지 3의 배수를 지우고, 5를 남겨 두고 나머지 5의 배수를 순서대로 지우는 거야. 이런 식으로 반복하여 끝까지 지워지지 않은 수가 바로 소수거든."

황금동은 파이알 유령의 말대로 에라토스테네스의 체를 이용해 소수를 걸러 냈다. 그리고 인어 유령의 황금 비늘에서 나온 소수들을 손가락으로 하나씩 차례대로 눌렀다.

소수를 모두 이으니 안개 속에 바이킹 배 모양이

만들어졌다. 소수로 만든 바이킹 배는
에릭의 진짜 바이킹 배를 천천히 끌어당겼다. 에릭과
용감한 바이킹 용사들은 드디어 전설의 푸른 땅으로
들어가게 되었다.

"전설의 푸른 땅이다! 여기는 정말……!"

바이킹 용사들은 넋을 잃고 전설의 푸른 땅을
바라보았다. 온갖 모험과 고생이 머릿속을 스치고
지나갔다. **크라켄 유령** 때문에 잃은 동료 생각에 눈시울이

뜨거워졌다. 하지만 바닷가를 뒤덮은 푸른 풀들을 보니 조금씩 마음이 놓였다. 이제 이 풍요로운 땅에서 멋진 미래를 설계해야겠다고 생각했다.

바이킹들은 전설의 푸른 땅에 첫발을 디뎠다.

"아유, 추워."

황금동은 어깨를 부르르 떨었다. 다른 바이킹 용사들도 질퍽한 땅에 첫발을 디딘 채 몸을 떨었다. 전설의 푸른 땅은 몹시 추웠다. 풀로 뒤덮여 푸르기는 했지만 기름진 평야가 아니라 바위와 돌이 굴러다니는 척박한 땅이었다. 멀리 보이는 하얀 빙하는 아름답기는 했지만 일 년 내내 추울 것이라는 증거이기도 했다.

"아무리 봐도 보물이 숨겨진 푸른 땅 같진 않아요. 누군가 바이킹을 속이려고 작정했나 봐요."

황금동의 말에 스푸크도 맞장구를 쳤다.

"인어 할머니들한테 속은 거야. 속았어. 여긴 유령이라면 몰라도 사람이 살 곳이 못 돼. 아빠, 당장 떠나요. 다른 데를 찾아봐요, 네?"

스푸크는 아빠 옆에서 종알거렸지만 에릭은 역시 긍정대마왕이었다.

"이곳을 전설의 푸른 땅이라고 부르는 이유가 있을 거다.

한번 둘러보자."

바이킹 용사들은 전설의 땅을 둘러보았다. 바위 언덕을 넘어가니 키 작은 넓은 들과 빙하가 녹은 물이 흐르는 맑은 계곡이 나왔다. 에릭은 두 손으로 계곡물을 떠서 맛보았다. 프레드도 에릭을 따라 했다. 갑자기 에릭이 맨손으로 땅을 파기 시작했다. 프레드가 뾰족한 돌멩이를 주워 왔다. 에릭은 돌멩이를 받아 들고 한참 동안 땅을 팠다.

"됐다. 가자."

에릭은 저벅저벅 바닷가로 걸어갔다. 황금동과 프레드는 어미 닭을 따라가는 병아리들처럼 종종종 뒤를 따랐다.

바닷가에 도착해 보니 배가 보이지 않았다. 하랄트도 함께 사라졌다.

"이 배신자. 한 번 배신자는 영원한 배신자야. 나쁜 놈. 크라켄 같은 놈."

스푸크는 길길이 날뛰었다. 온몸이 시뻘게져서 금방이라도 타오를 것 같았다.

"엄마, 당장 가서 하랄트를 잡아 와요. 엄마는 할 수 있잖아요. 네?"

"스푸크, 사람 일은 사람이 해결하는 거야. 네 잘못은 사람 일에 끼어든 거야. 그래서 아빠와 골드 브론즈 모두의

인생이 꼬였잖니!"
 파이알 유령은 한숨을 쉬었다. 황금동은 더럭 겁이 났다. 이러다 집에 못 가면 어쩌지? 황금동은 파이알 유령을 붙잡고 물었다.
 "저기, 파이알 유령 탐정님. 그래도 저는 집에 갈 수 있죠?"

"넌, 우리 아빠가 굶어 죽게 생겼는데 지금 그런 말이 나오니?"

스푸크가 꽥 소리를 질렀다. 황금동도 더는 참을 수 없었다. 여기까지 와서 죽을 고생을 한 게 누구 때문인데!

"난 할 만큼 했어. 지금 나한테는 집에 가는 게 제일 중요해! 에릭은 여기서 뭐든 해서 살겠지. 물고기를

잡든지, 인어 아가씨를 찾아 새장가를 가든지. 에릭은 용맹한 바이킹 용사니까."

스푸크가 뚫어질 듯 황금동을 노려보았다. 황금동도 불꽃이 튀기도록 스푸크를 째려보았다. 그 순간 에릭이 황금동의 어깨를 두드렸다.

"그래 골드 브론즈. 난 바이킹 용사니까 어떻게든 살 수 있을 거야. 용기를 줘서 고맙다. 오늘 저녁은 물고기를 잡아 해결하자."

에릭은 첨벙첨벙 바다로 뛰어들었다. 넓은 어깨에서 자신감이 뚝뚝 흘렀다.

:

그날 밤 바이킹 용사들은 전설의 푸른 땅에서 조촐하다 못해 초라한 첫 저녁 식사를 했다. 에릭은 뼈밖에 없는 물고기를 통째로 씹어 먹으며 말했다.

"골드 브론즈, 프레드. 난 여기서 살 생각이다. 전설에 나오는 얼음 속 푸른 보물을 찾아낼 생각이야. 어때, 나랑 같이 살아 보지 않을래? 힘들겠지만 어디든 안 힘든 곳은 없지. 만약 떠나고 싶다면 어떻게든 배를 만들어 주마. 안쪽으로 들어가면 나무가 좀 있겠지."

프레드가 곧바로 대답했다.

"저는 캡틴과 함께 여기 살래요. 붉은 까마귀 에릭은 최고로 용감한 바이킹이잖아요. 저도 그렇게 되고 싶어요."

에릭이 프레드의 손을 덥석 잡았다. 두 사람은 황금동을 쳐다보았다.

"저는 집에 가야 해요. 배는 안 만들어 주셔도 돼요. 언젠가 때가 되면 알아서 갈 게요."

"알았다. 그 전까지는 우리와 함께 지내자. 나는 우리 딸이 있는 땅을 못 떠날 줄 알았어. 하지만 스푸크는 모험심이 강한 아이니까 아빠가 새로운 땅을 개척해 사는 것을 좋아할 것 같다."

에릭은 전설의 푸른 땅을 눈으로 훑었다. 새롭게 펼쳐질

모험이 에릭을 기다리고 있었다.

"골드, 아빠에게 내가 함께 있다고 전해 줘. 응?"

황금동이 막 말하려는 순간 파이알 유령이 황금동의 입을 막았다.

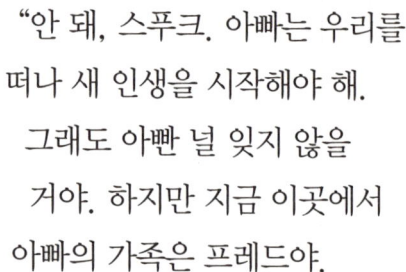

"안 돼, 스푸크. 아빠는 우리를 떠나 새 인생을 시작해야 해. 그래도 아빤 널 잊지 않을 거야. 하지만 지금 이곳에서 아빠의 가족은 프레드야. 둘이서 아버지와 아들처럼 사이좋게 잘 살아갈 거야. 사람은 사람의 인생을 살아야 하니까. 그리고 우리 유령은 우리의 유령 생을 살아야지. 우리도 이제 바이킹 땅을 벗어나 유령 세계로 떠나자."

"하지만 엄마! 아빠는 우리 아빠잖아요!"

스푸크는 눈물을 글썽였다. 황금동도 아빠가 보고 싶어서

울컥, 눈물이 솟았다.

"어떤 일이 있어도 아빠는 아빠야. 그건 변하지 않아. 너도 알잖아."

스푸크는 아빠를 와락 안았다. 스푸크가 일으킨 바람에 놀란 프레드가 에릭 쪽으로 기우뚱 넘어지며 와락 안겼다.

"프레드, 이제부턴 네가 내 아들이다. 우리 잘 살아 보자."

에릭은 스푸크의 머리카락이 든 가죽 주머니를 목에 건 채로 프레드를 꼭 안아 주었다. 프레드는 눈물을 글썽거렸다. 스푸크는 슬그머니 아빠에게서 떨어져 아빠와 프레드를 지켜보았다.

"그래요. 이제 우린 유령 세계로 떠나가요. 아빠는, 아빠의 인생을 살아야 해요."

공중으로 날아오르는 스푸크의 몸이 유난히 투명해 보였다.

에필로그

바이킹 용사들이여, 안녕~!

   그날 밤 전설의 푸른 땅 위에 펼쳐진 하늘에서는 별들이 유난히 밝게 반짝였다. 에릭과 프레드는 초저녁부터 곯아떨어졌다. 황금동은 잠든 에릭과 프레드에게 작별 인사를 하고 바깥으로 나왔다.
  "이쪽으로 와."
   바닷가에 나란히 앉은 스푸크와 파이알 유령이 손짓을 했다. 황금동은 두 사람 사이에 끼어 앉아 별이 반짝이는 맑은 밤하늘을 쳐다보았다.
   "골드 브론즈, 이 인어 유령의 황금 비늘을 가지고 있어. 다른 어떤 별보다 더 크고, 다른 어떤 별에도 닿지 않는

새로운 별이 나타나면 황금 비늘에 그 별빛을 모아. 그러면 집으로 돌아갈 수 있어."

"네."

황금동은 뚫어져라 별들을 쳐다보았다. 하지만 별이 너무 빽빽하게 있어서 다른 별들에 닿지 않는 큰 별이 나타날 수 없을 것 같았다.

"골드 브론즈, 믿어야 해. 믿지 않으면 이루어지지 않아."

파이알 유령은 똑똑할 뿐만 아니라 남의 마음을 꿰뚫어 보는 능력까지 있는 것 같았다. 황금동은 억지로 큰 별이 나타날 거라 믿었다. 믿고 보니 정말로 큰 별이 나타났.

다른 어떤 별에도 닿지 않는 가장 큰 별이 웅장하게 반짝였다. 황금동은 재빨리 **인어 유령의 황금 비늘**에 그 빛을 모았다.

"골드 브론즈, 황금 비늘에 별똥별이 떨어지면 소원을 빌어. 꼭 이루어진다고 믿으면서 말이야."

파이알 유령의 목소리가 희미하게 들렸다. 황금동은 눈을

바로 그때 인어 유령의 황금 비늘로 별똥별이 떨어졌다.
"우리 집에 가게 해 주세요! 엄마, 아빠 곁으로!"
세상이 까매졌다. 아무것도 보이지 않고, 아무 느낌도 없었다.

"고마워. 안녕, 내 사람 친구 골드."

아쉬움이 잔뜩 묻어나는 스푸크의 작별 인사만 아득하게 들려왔다.

⋮

황금동은 코를 드르렁드르렁 골며 잤다. 잠결인데도 무릎이 콕콕 쑤시고, 허리가 끊어질 듯 무척 아팠다. 진짜 바이킹 배를 탄 것처럼 몸이 흔들리고 어지러웠다.

황금동은 눈을 떴다. 햇살이 너무 밝아서 아무것도 보이지 않았다. 하지만 곧 반짝이는 햇빛을 온몸으로 받고 서 있는 엄마를 알아보았다.

"엄마! 진짜 우리 엄마 맞지? 보고 싶었어!"

황금동은 엄마를 와락 껴안았다. 껴안고 보니 좀 이상했다. 어제 본 엄마가 왜 이렇게 반갑지? 마치 멀리 시간 여행이라도 다녀온 기분이잖아? 황금동은 슬그머니 엄마에게서 떨어졌다.

"황금동! 오늘은 또 무슨 핑계를 대고 학교 안 가겠다고

조르려고 애교를 부리니? 얼른 일어나 학교 가. 웩 인생이 어떻고 해도 소용없어! 네 운명은 네가 개척해. 용감한 바이킹처럼."

바이킹? 으, 바이킹! 내 인생을 '웩'으로 만든 끔찍한 놀이 기구! 하지만 그깟 놀이 기구에 내가 질 수는 없지. 난 황금동이니까!

미스터리 수학

바이킹 배는 왜 땅속으로 들어갔을까?

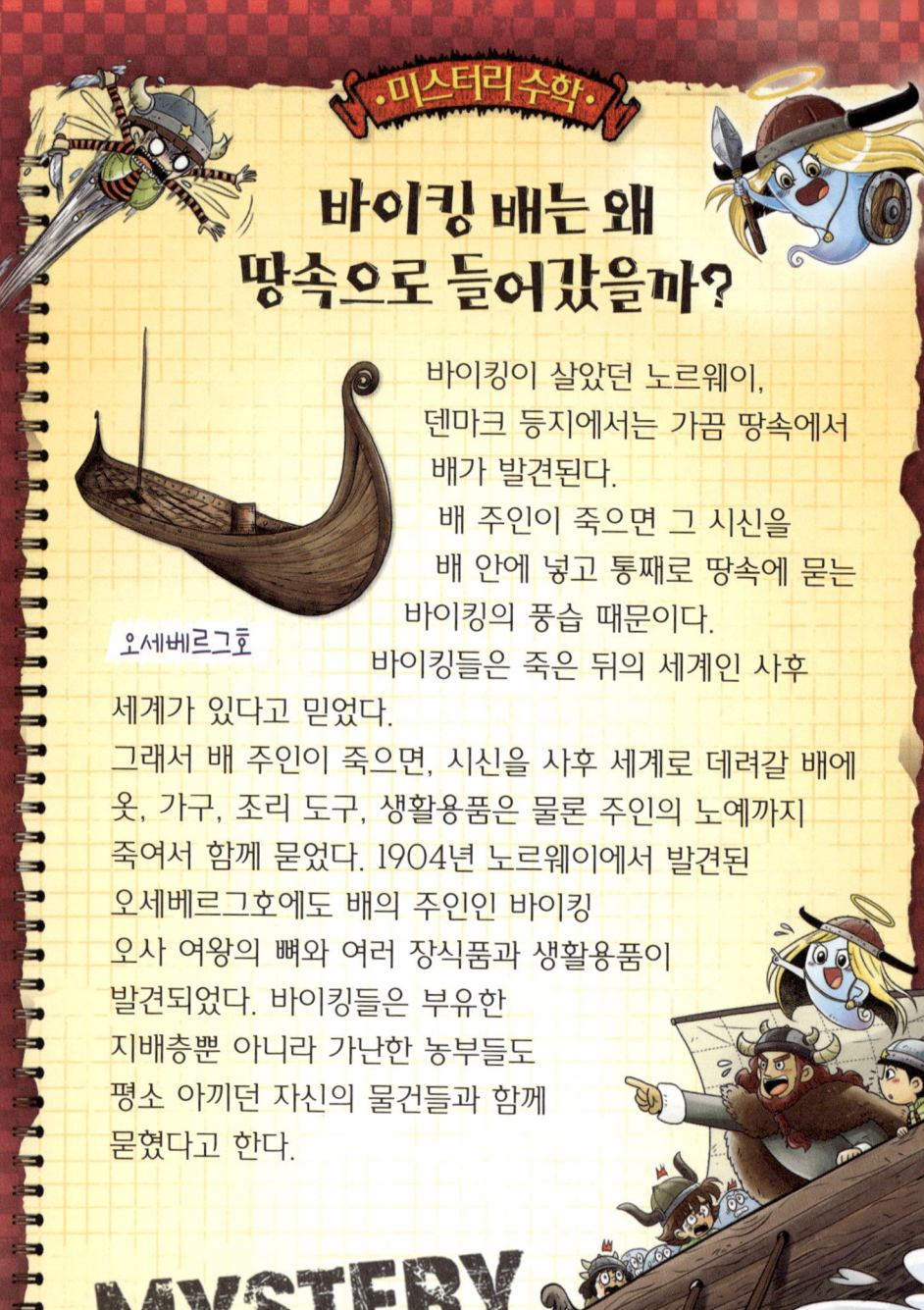

오세베르그호

바이킹이 살았던 노르웨이, 덴마크 등지에서는 가끔 땅속에서 배가 발견된다. 배 주인이 죽으면 그 시신을 배 안에 넣고 통째로 땅속에 묻는 바이킹의 풍습 때문이다. 바이킹들은 죽은 뒤의 세계인 사후 세계가 있다고 믿었다. 그래서 배 주인이 죽으면, 시신을 사후 세계로 데려갈 배에 옷, 가구, 조리 도구, 생활용품은 물론 주인의 노예까지 죽여서 함께 묻었다. 1904년 노르웨이에서 발견된 오세베르그호에도 배의 주인인 바이킹 오사 여왕의 뼈와 여러 장식품과 생활용품이 발견되었다. 바이킹들은 부유한 지배층뿐 아니라 가난한 농부들도 평소 아끼던 자신의 물건들과 함께 묻혔다고 한다.

MYSTERY

초등 수학 교과 연계표

수학 개념	본 책	학년-학기	단원
길이 단위 사이의 관계	107p	3-1	5. 길이와 시간
나눗셈	81p	4-1	3. 곱셈과 나눗셈
	75p	3-2	2. 나눗셈
문제해결	49p, 133p	창의 수학	
미지수	157~160p	중학 수학	
백분율	107~108p	6-1	4. 비와 비율
부등호	38p	1-2	1. 100까지의 수
분수의 곱셈	157~160p	5-2	2. 분수의 곱셈
사각형의 넓이	49p	5-1	6. 다각형의 둘레와 넓이
사다리꼴, 평행사변형	91~93p	4-2	6. 다각형
선대칭도형, 점대칭도형	69~71p	5-2	3. 합동과 대칭
소수	170p	중학 수학	
수학자-디오판토스	157~158p	수학 상식	
수학자-에라토스테네스	171p	수학 상식	
약분	157~160p	5-1	4. 약분과 통분
올림, 버림, 반올림	19~22p	5-2	1. 수의 범위와 어림하기
이상과 이하, 초과와 미만	18~19p	5-2	1. 수의 범위와 어림하기
최소공배수	157~160p	5-1	2. 약수와 배수
평균	147p	5-2	6. 평균과 가능성
혼합 계산	115~118p	5-1	5. 자연수의 혼합 계산
확률	13p	6-1	4. 비와 비율